必携

最小限の語彙力で英語を読み、聴く方法

基礎語からの類推

後藤 寛
Goto Hiroshi

Getting the Root Sense of
the Basic Words of English

松柏社

まえがき

　英語で書かれた本をいろいろ読みたいが、語彙力不足のため思うように読めないし、英語を聴いてもよく理解できないと悩む人は多い。「もっと語彙力さえあれば…」などと誰しもが思い、「語彙力」の問題は英語を学ぶ日本人にとって万人の悩みでもあると言えるでしょう。語彙力を手早く身につける要領のよい方法はないものでしょうか。

　この本は既知の英語の語彙数がきわめて限られていても、その最小限の語彙力で特に読む場合は、100%まではいかないことが時にはあっても90%以上、少なく見積もっても80%以上は推測でき、意味が理解できる方法を考えるものです。もちろん聴けるようにもなりたいのですが、実際問題としてまずは文字を見て意味が分かることが先決でしょう。一般に私たち日本人にとって英語は音から自然に身につけるのではない外国語で、義務教育も英語で受けるわけではありません。読んで理解できない英語は聴いても理解できないはずです。英音がよく聞こえるなら英語修得ももっと楽なはずですが、本当の意味での聴き取りは大変難しいと思います。

　そもそも英語は短い1音節語が多く、日本人の民族耳では特別に聴き取りの難しい言語です。音調も固定していなく、世界中で話されるためもあり、話者によりさまざまな変種があり、実にバラエティーに富みます。聴くほうはさらに別途、実際に音声を介した特別な訓練も必要で、高周波数をもつ英音に耳を開いていくのはもっと時間がかかりはしますが、それでもここでの考え方は深いレベルで英語の語感とともに音感を意識下に埋め、脳に刷り込んでいくことにもなるはずです。「音と意味の一体化」ということです。

文字として書かれる英文スタイルにも種類はありますが、第三部では文学作品における小説文や評論文、また時事報道文などの英語文を視野に入れその理解法を提示します。例そのものの数は限られていても、今後の要領（コツ）として身につけられればよいです。

　表題に「基礎語からの類推」とも入れてあります。英語の基礎語に関してはいろいろな案が出されていますが、ここで考える基礎語とは、1929年から1930年にかけて、英国ケンブリッジ大学のCharles K. Ogden（C.K. オグデン）という心理・言語学者が抽出した850語を基本とするもので、'Basic English'「ベーシック・イングリッシュ（小英語）」として知られているものです。この本では、既知の語彙数が基本的にこの850語に限定されていて、それ以外の語はまるで未知であると想定することで、あらゆる英文を読み、聴くことが可能かどうかを考えてみたいのです。すなわち、Basic Englishはかなり高度な内容の事柄も大抵は言えるはずですが、それのみならず「大抵のことは何でも理解できる」という新たなその活用法を考えることになります。

　Basic Englishは自分のほうから書いたり話したりする能動的な言語活動としては強くても、書かれる英語や話される英語を受動的に理解するには、850語と場合により適宜用いることのある多少のプラスα語だけでは、語彙数が足りないと一般には考えられるでしょう。もちろん知っている語彙数は多ければ多いほうが、何かと都合はよいことは分かっています。ただ、本当にBasic Englishの力だけでは語彙数が足りず、あらゆる英文には対応できないでしょうか。

　この本ではBasic Englishにおける850基礎語中のいくつかの語をそもそも、そのルーツとして音声とも絡む印欧祖語（インド・ヨーロッパ祖語）にまでさかのぼった語源から原義を押さえることで、基本的に850語の知識しかない語彙力不足でも、「Basic Englishで培った英語力」が下地にあれば、ほぼどんな英文も読め、聴けるはずとなる方法を考えてみたいのです。なお、ここでは

Basic English そのものに関しては若干触れる部分はあっても、直接的には扱いません。Basic English の体系そのものからじっくり学びたいと思われる方は、他の拙著などを参考にしてください。

この本の内容を示すキーワードの1つは、類推（アナロジー）ということになります。類推することで、事柄の意味を把握し理解する推理力 (power of reasoning) を鍛えることは、日常生活で私たちにとって何かと意義あることでしょう。この推理力を養っていくのもここでの目的ですが、同時に広く語彙力をつける方法を終始、示唆することにもなります。

最初、少し難しく思えても徐々に楽に理解できるようになるまで何度も読み返し、得た知識やヒントを今後の学びのなかでとり入れていくとよいでしょう。多少時間をかける必要はありますが、それほど長くはかかりません。まずは3か月ほど、志 をもって本気で取り組んでみてください。そうすれば英語の単語に対する見方が必ず違ってくるはずだと思います。特に第二部での内容は発展性があります。英語に関わっていく限り末永く基本として役立つはずですが、少し難しすぎると思われれば、ここをまずは後回しにして第一部と第三部を先に読まれる手もあるでしょう。手早く全体の趣旨が把握できることになると思います。第二部は今後も折に触れ何度も確認するのに役立ててください。

初めに少し難しいものに触れ、それに慣れればそれより平易なものは落差のある易しさとして感じられてきます。そのように考えてください。外国語はある一定のレベルからは易から難ではなく、難から易へと取り込むことも必要で効果的です。外国で生活するとそこでの言語が早く修得できますが、初めから本物の音を聴き、容赦なくすべての英語に触れることになるからです。本国で英語を自然に修得するのと、日本でテキストを介しての学習により身につけるのとは違いますが、それでもステップアップ方式は時間をかける割に意外と効果が薄いです。ステップダウン方式が効果も早い側面があります。

なお、この本の発刊にあたっては、長年に渡り一貫した私の考え方に対する理解とともに賛同をいただいている森信久・松柏社社長から、改めて特別なご厚情を賜りました。また、編集部の里見時子氏にも大変お世話になりました。心よりお礼申し上げます。

2016 年　初春

　　　　　　　　　　　　　　　　　　著者　　後　藤　　寛

目　次

まえがき ……………………………………………………………… i

Basic English 850 基礎語から ……………………………………… 1

第一部　850 基礎語の語源から原義を知る
　　　　850 語も多くは同じルーツから来ている ……………… 3

第二部　印欧祖語からみる 850 基礎語・プラス α 基礎語・
　　　　一般語の語源別類型 ………………………………………… 23

第三部　同源(同系)語／同義(類義)語／反義語から
　　　　文脈を推理する ………………………………………… 173
　　　I.　活用例(基礎) ……………………………………… 175
　　　II.　活用例(応用) ……………………………………… 193

あとがき ……………………………………………………………… 224

付録
1．Basic English (ベーシック・イングリッシュ)
　　850 語一覧 …………………………………………………… 227
2．Basic English 全プラス α 語一覧
　　(全分野一括アルファベット順) ………………………… 233

索引 ………………………………………………………………… 241

Basic English 850 基礎語から

　「まえがき」でも書きましたように、英語の「基礎語」に関してはいくつもの案が提示されていますが、この本では英国ケンブリッジ大学の C.K.Ogden 選定による最小限の 850 基礎語を手掛かりに、英語を書いたり話したりするだけでなく、さらに広く読んだり聴いたりすることができないかを考えていくことになります。この **850 基礎語は巻末の付録１に**一覧に示してありますので参照してください。ほとんど誰にも馴染みのあるはずの語ばかりです。こういう本当の意味での基礎語を基本とし、ほんの数個の規則を適用すれば、不思議にもかなり高度の内容の事柄も、方程式を解くように英語でほとんどすべて言えてしまうというのが C.K.Ogden の **Basic English**（ベーシック・イングリッシュ）の体系です。このあたりに関してはすでにいくつもの文献もあり、実証されています。一般の辞書にも C.K.Ogden の 'Basic English' は項目として出ています。手元の辞書で確認されるとよいです。

　巻末付録１のわずか 850 語を基本として、ほぼ無限の表現が英語で可能なはずです。なぜなら、たとえば数学の問題解きで、限られた数の定理や公式を用いれば必ずその問題が解けるようにできているのと同じように、Basic English 850 基礎語の織り成す有機的体系は英語での表現法の定理・公式体系のようなものだからです。慣れればこの 850 語を基本に、書いたり話したりして自分のほうからは、ほぼ何でも表現することはできると思います。

　ところが自分ではなく、他人の書くこと・話すことを理解するとなると、実際には 850 基礎語だけで書かれたり話されはしませんので、語彙数が不足だと思われています。実は Basic English の 1

つの思想に国際共通語があります。もし仮にこれが国際共通語として用いられ、世界の誰しも基本的にこの簡素で透明な意味を提供する Basic English の範囲内の言い方でコミュニケーションをするのであれば、誤解も少なくなり問題はなくなるという理屈にはなります。ただ、Basic English の国際共通語思想はあまり真剣に考えなくてもよいと思います。

　ともかく、Basic English は能動的に使うときに強くても、読んだり聴いたりする受動的な言語活動には本当に弱いのでしょうか。Basic English の力だけでは、やはり語彙力不足なのでしょうか？実はそうでもないのです。それどころか**コツをつかめば、Basic English 850 語の最小限の語彙力しか基本的になくても、時事英文や文学作品の英文もほぼ理解できる**と思えます。したがって、まずは C.K.Ogden 選定の英語におけるこの 850 基礎語に注目されてはどうでしょう。

　以下、この本では三部に分け、Basic English **850 基礎語を基本として広く一般の英語を文字として読む場合**、また**音として聴く場合にどこまで有効か**を考えていくこととなります。こういう視点から見る Basic English については、これまで正面から考えられたことはありませんでした。なお、850 語を「基本とする」という言い方をしていますが、Basic English には場合により便宜的に用いることのある、約 650 語のプラスα基礎語が用意もされています。したがって厳密には Basic English は 850 words ではなく 850-plus words（850 プラスα 語）で、約 1,500 語の語彙体系です。この本ではプラスα語のうち、約 200 語も理解の助けになりますので扱います。この**プラスα基礎語**に関しても**巻末の付録 2 や索引**を参照してください。

第一部
850基礎語の語源から原義を知る
850語も多くは同じルーツから来ている

　巻末付録1に掲載したC.K.Ogden選定のわずか**基本的に850基礎語の知識とBasic Englishの構文力だけで、英文を理解する**ことが実際問題としてどの程度まで可能かはすでに示唆しました。「まえがき」で、特に読んで理解するのなら場合によっては100%までいかなくても、**80~90%以上は可能**だと言いました。少なくとも一定の文脈があり、またその分析手法に慣れれば「ほぼ100%」類推できるという言い方もしておきますが、以下その方法を具体的に考えます。まず、たとえば次の1）の文を見てみましょう。

1) Government is a sacred trust of the people, the authority for which is derived from the people, the powers of which are exercised by the representatives of the people, and the benefits of which are enjoyed by the people.

　　　　　　　　　　　　　　　—「日本国憲法」全文の一部、英文原文

　もちろんこの文は850基礎語の範囲内では書かれていません。未知の語があるでしょうか。特にないでしょうか。

　実はこの英文が日本語に翻訳され、今日の日本国憲法の前文の一部となったことが知られています。第二次世界大戦後の1946年に、D.マッカーサー (D. MacArthur) GHQ最高司令官の下で、草案されたのがこの英文でした。今日の日本国憲法は全文そのものがGHQ（連合国軍総司令部）により英文で書かれ、それが日本文に翻訳されたわけですが、この1）の英文は次のような日本語となりました。

> 「そもそも国政は、国民の厳粛な信託によるものであって、その権威は国民に由来し、その権力は国民の代表者がこれを行使し、その福利は国民がこれを享受する」

さらに実はD. マッカーサーは上の英文を、アメリカの第16代大統領A. リンカーン (A. Lincoln) が1863年11月19日に、南北戦争の激戦地ペンシルベニア州ゲティスバーグで行った、短い有名な演説 (Gettysburg Address) からとったものとしても知られています。ここでの目的は、日本国憲法について考えることではもちろんありません。あくまでも英語文に注目するのですが、次の2）にそのリンカーンの演説原文の冒頭の2文と、最後の1文（破線で一部省略）を示してみます。ここでの未知の語はあるでしょうか。未知の語があるため理解できない部分があるでしょうか。難なくスラスラ読め、理解できればもちろん問題はありません。

2) Fourscore and seven years ago our fathers brought forth upon this continent, a new nation, conceived in liberty, and dedicated to the proposition that all men are created equal. Now we are engaged in a great civil war, testing whether that nation, or any nation so conceived and so dedicated, can long endure. ... It is rather for us to be here dedicated to the great task remaining before us; ... that this nation, under God, shall have a new birth of freedom; and that government of the people, by the people, for the people, shall not perish from the earth.

       — Abraham Lincoln, *The Getttysburg Address*

これのBasic Englishへの書き換え文がC.K.Ogdenの著作にありますので、それを次に2)' として示しておきましょう。すべて850基礎語の枠内で書き換えられています。

2)'　Seven and eighty years have gone by from the day when our fathers gave to this land a new nation — a nation which came to birth in the thought that all men are equal. Now we are fighting in a great war among ourselves, testing if that nation, or any nation of such a birth and with such a history is able long to keep united. ... It is for us, the living, to give ourselves here to the work which is still before us; ... so that this nation, under the Father of All, may have a new birth in the hope to be free; and so that government of all, by all, and for all, may not come to an end on the earth. — C.K.Ogden, *Basic English and Grammatical Reform*

　上の２）の文の意味は、まさにこの２)' の文そのものです。やはりこのように書かれたり、話されたほうが理解しやすいでしょう。意味が簡素に伝わります。この２)' の Basic English 文を下敷きにして、リンカーンが演説で述べた２）の文を私なりに日本語訳をして次に示しておきます。

>「我々の祖先たちがこの土地に新しい国家を築いて 87 年の歳月が流れました。すべての人間は平等であるという理念のもとに生まれた新しい国家でありました。目下、我々は大きな内戦の最中にありますが、そのような理念をもって生まれ歴史をたどった国家は、それがどんな国家であろうと、末永く団結できるかの試練となっています。生きながらえている我々にとっては、なお前途にある任務にここで身を捧げることが必要です。そうすることにより、この国家が神のもとで自由であるという願いのなかで新生することができます。また、そうすれば人民の (of)、人民による (by)、人民のための (for) 政治は地上で絶えることはなくなるはずでありましょう」

　２)' の文とは違い、850 基礎語の枠内で書かれていない上の１）、

2）のような文中に未知の語があっても、その意味を推測できることを教えるのがこの本の目的です。文中での基礎語以外の語に関しては今後、触れていくことになります。あらかじめ言っておきますと、1）の文中での850基礎語以外の語は sacred, trust, people, derive, exercise, benefit, enjoy の 7 語です（難しい語に思えるかもしれない representative は 850 基礎語中の 1 語です）。イタリック体にしますが *people* は、特に聖書の記述などで用いる Basic English でのプラス α 基礎語ではあります〔全プラス α 基礎語の一覧は巻末付録 2 に掲載してあります〕。ここではこれらの 7 語が仮にすべて未知の語だと想定して、それを 850 基礎語だけ（場合によっては便宜的にプラス α 基礎語も含めて）の観点から理解するヒントだけを簡単にここで言っておきましょう。

sacred は Basic English でのプラス α 語の韻文用語 *holy*（聖なる）と同類語です〔この本では Basic English におけるプラス α 語はすべてイタリック体表記とします〕。sacred は、語源的にはやはり Basic English プラス α 語の聖書用語 *saint*（聖人）と同系語です。そして trust は基礎語 true（真の）と同系語です。それぞれ語形に似たところもあります。*people* は「平民」のことでもありますが、基礎語の plane（平面）などともつながり、さらに /p/ の音が /f/ となり基礎語 flat（平らな）とも関係します〔このあたりの音派生に関しては第二部で触れます〕。

さらに、derive は「派生する」の意味なのですが、[de (= off, away < a + way) + rive (= river)] で「川」と関係があり、「流れること」の意味をもちます。そもそも「分離すること」を意味する接頭辞 de (= off, away) が付いています。exercise は [ex (= out) + ercise (= shut)] で、これも接頭辞の ex (= out) から考えれば意味は推測できます。benefit は [bene (= good) + fit (= to make, do)] から来ています。語根 bene, fit をもつ語は英語に多いですが、語根 fit をもち「利益」を意味する 850 基礎語には profit [pro (= before) + fit (= to make, do)] があります。enjoy は [en (= in) + *joy*] で、これも接頭辞

en (= in) から意味は見当がつきます。*joy* は韻文用語としての Basic English でのプラス α 語です。Basic English を心得ていれば、これだけの知識で 1) の文は基本的に理解できるのではないでしょうか。

　2) の文に関してはもう一度、第三部の活用例（応用）の冒頭で改めて詳しく扱ってみることとします。英文が理解できないことは、構文的には意味単位としての区切れ目が見えないことと、用いられている語が本来の原義 (root sense) でとらえられないことと大きく関わっています。簡素で本質的な原義を押さえれば内容にもよりますが、類推により大抵(たいてい)の場合は理解できると思います。ここでは 2)' の Basic English 文が理解できるのであれば、とりあえずはよいこととしておきましょう。語彙はすべて 850 基礎語の範囲内で書かれていますし、構文的にもこの Basic English によるレベルのものが理解できれば、英語の力の土台はできていると言えます。今後の問題は基礎語を軸に語彙力を増やすということになります。

　冒頭 1) の例文で日本国憲法の前文の一部を引き合いに出したついでに第二章の第九条を、元の英文とともに参考までに下に示しておきましょう。日英語を対照すると、この九条ももっと理解しやすくなる感じです。ここでの英文もこの本の全編で説く考え方からすれば、すべて理解できるはずです。翻訳された日本文より元の原文の英文のほうが、意味がすっきりして分かりやすい気もするのですが、どうでしょう。

参考

（日本国憲法）

　第二章　戦争の放棄

　第九条　日本国民は、正義と秩序を基調とする国際平和を誠実に希求し、国権の発動たる戦争と、武力による威嚇又は武力の行使は、国際紛争を解決する手段としては、永久にこれを放棄する。

　2　前項の目的を達するため、陸海空軍その他の戦力は、これを保持しない。国の交戦権は、これを認めない。

* * *

Chapter II. RENUNCIATION OF WAR

Article 9. Aspiring sincerely to an international peace based on justice and order, the Japanese people forever renounce war as a sovereign right of the nation and the threat or use of force as means of settling international disputes.

　In order to accomplish the aim of the preceding paragraph, land, sea, and air forces, as well as other war potential, will never be maintained. The right of belligerency of the state will not be recognized.

ここで 850 語の発生的な＜語系＞に注目してみます。下の表は Basic English 語彙の 850 語と、一般の English 語彙（約 50 万語あります）を語系別に比較したものです。

Basic English 850 語の「語系別」分布 (cf. English)

	(Basic English)	(English)
アングロ・サクソン語系	442 語 (約 52%)	約 92,000 語 (約 18.4%)
ラテン語系	337 語 (約 40%)	約 234,000 語 (約 46.8%)
ギリシャ語系	36 語 (約 4%)	約 62,500 語 (約 12.5%)
その他	35 語 * (約 4%)	約 116,500 語 (約 23.3%)
語系　計	850 語	約 500,000 語

（* Basic English 850 語中の語源不詳の数語は、ここでは「その他」として分類）

ここでの Basic English 語彙の語系別分布比率は私自身が調べたものですが、この表は何を物語るかです。英語語彙にはアングロ・サクソン語系（ゲルマン語系）、ギリシャ語系、そのほかに北欧語の比率も大きいですが、ラテン語系がおよそ半数近くを占めていま

す。この表は英語の小体系としての Basic English でも、やはりラテン語系の語は半数に近いほどの比率となっていることを示しています。

　ラテン語は、そもそもはイタリアのローマを中心としたラティウム (Latium) 地方に居住した古代ローマ人の言語で、これから今日のイタリア語・フランス語・スペイン語・ポルトガル語などのロマンス言語となりました。そして Basic English は一般的に音節数が少なく短いアングロ・サクソン語系と、音節数が多く長めのラテン語系の語比率が、前者がやや多い形でほぼ半数ずつを占め、この2つで 90% 以上の比率となることも上の表から分かります。Basic English 850 語の各語の音節数は、これも私の調べたところでは平均が 1.49 音節ですが、このこと自体にも Basic English の音声面での特徴の一端が見えます。

　英語の各々の語の語源的な原義を知ることは、現在から 6,000 年ほど前の紀元前 4,000 年頃に、ヨーロッパとアジアのほぼ境に位置する黒海の北西部あたりの、高原地帯に住んでいた種族が用いていた言語にまでさかのぼることになります（歴史的な正確な年号に関しては説の分かれるところではあります）。この言語がその後 1,000 年間ほどを経て、大陸の南東方向のインドあたりまで広まりました〔地図参照、本第一部末尾（22 頁）〕。これが、いわゆる言語学的に**印欧祖語**〔**インド・ヨーロッパ祖語：the Proto-Indo-European (PIE) Language**〕として知られる原始語です。

　ヨーロッパの各言語がインドのサンスクリット語とも似ていることが、18 世紀半ば過ぎの 1786 年に、英国の裁判官で言語学者でもあったウイリアム＝ジョーンズ (William Jones) による著作で知られるようになり、以後、音と意味の関係の歴史言語学・比較言語学的な研究がなされ、ヨーロッパ・アジア大陸の各言語から帰納的に推定され、復元されたのが先史時代の印欧祖語ということになります。言語学のほうではこの 1786 年は比較言語学の始まりの年として知られます。

ヨーロッパからアジアにまたがる地域での共通言語を話していた印欧祖語族が、第二部でも触れるところがありますが、いわゆるアーリア人 (Aryan) であると考えられました。Aryan とは元はサンスクリット語で「高貴な人」の意味から来ていると言われていますが、これは「支配者」の意味にもつながるでしょう。後にドイツ民族こそがこの印欧祖語族アーリア人の直系と考えられ、人種的・宗教的民族主義を生み出しました。これはヒトラーの率いるナチス・ドイツによるユダヤ人迫害とも関わることとなりました。

　もともとブリテン島には、海を渡ってやって来ていた北欧のゲルマン系ケルト民族が住んでいたのですが、紀元前100年頃にローマに支配され、現在は死語のラテン語の影響を受けることとなりました。その後、西暦400年頃にやはりゲルマン系のアングロ・サクソン族がブリテン島に侵入し、ラテン民族を支配するようになりました。支配者のゲルマン系の言語でドイツ語（古英語）が約600年間ブリテン島で用いられていたわけですが、1066年に北欧とフランス人の混血のノルマン人が英国を征服しました。これが歴史上有名なノルマン人の英国征服です。以後、約300年間に渡り英語にラテン語系のフランス語の影響を残すこととなりました。英語史ではこの時期が中英語として分類されます。

　ともあれ、今日の英語・ドイツ語などゲルマン系言語、イタリア語・フランス語・スペイン語・ポルトガル語などラテン系ロマンス言語、そしてインドのやはり現在は死語のサンスクリット語もすべて元は印欧祖語から派生したわけで、漢字なら偏や旁からその漢字の簡素で本質的な意味を知ることに似ています。古の印欧祖語族の生活ぶりに思いをはせ、体系としての英語語彙の原義をたぐることには夢があり、ある種のロマンを感じます。

　具体例を少し挙げ見ていきますと、たとえば850基礎語の1つに adjustment（調整すること）があります。この語の簡素な意味をとりあえずでも手早く知るには、**adjustment** を**構成要素**〔言語学的には、意味をもつ最小の言語単位を形態素 (morpheme [morph

(= form) + eme (= smallest unit)]）と言い、それとも関わりますが〕に分解し [ad(= to) + just **(= near, right)** +ment **(= condition ... -ing, or being ... -ed)**] としてみるのがよいです〔以下、同様に例として引き合いに出す **850 基礎語、またはその派生語にはそれが初出の場合に太字書き**とします〕。接頭辞・語根・接尾辞に注目するということです。この adjustment という語の語根 just が本来的に空間的な near「近いこと」の意味をもつことからすれば、adjustment <u>to</u> としばしば空間詞の to と共起することも納得・実感できるはずです。「近づけて正しくする」の感じです〔この本では、より本質的な意味がとらえられるよう一般に前置詞とか、場合によって副詞と言われる語は「**空間詞**」と言います〕。

　この語根 just「近づけて正しい状態 (right) にする・なる」の例から、850 基礎語の **judge**（判断・判定）などを基に考えれば、基礎語ではない justice（正義）なども理解できます。語根部は /dʒər/ などにも音変異しますので、injury（傷害・損害）は [in (= **not**) + jury (= near, right)] の意味で、これも理解できます。「近づけられた正しい状態でない」の意味です。injury も to と共起し、たとえば「脚のけが」は injury <u>to</u> the leg となることも納得がいきます。また、jurisdiction（司法権・管轄）も [juris (= near, right) + dic (= to **say**) + tion] で分かります。語根中の音素 /dik/ は、やはり基礎語ではない prediction（予見）の [pre (= **before**) + dic (= to say) + tion] や、/dik/ が /di/ となった基礎語 condition [con (= **with, together, all**) + di (= to say) + tion] の中にも組み込まれています。いもづる式に各語が関連していることが見えてきます。

　さらに、基礎語ではない perjury（偽証）も [per (= **through, away < a + way**) + jury (= near, right)] で、偽証は正しくないことを言って避けて通り抜ける感じのある語です。

　さらにこれは、たとえば英文を読んでいて juxtapose などという難しい語に出くわしても、「並列する」の意味を推理・推測することが慣れでできるようにもなるでしょう。この語の接頭辞の juxta

も just と同系です。音が似ていることが察知できるでしょうか。さらに、pose は 850 基礎語では **opposite** [op (= **against**) + pos (= to **put**) + ite (= **having the quality of** ...)] から類推でき、語彙力不足でも**基礎語を手がかりに、それをあてがって考えれば理解できる**ことになります。

なお、opposite も opposite to（〜の反対側の・〜の向かい側の）のように空間詞 to と共起もします。to の使われ方に注目しましょう。基礎語ではない preliminary（予備・予備の）なども [pre (= before) + limin (= **limit**) + ary] で、これは「敷居（踏まれるもの）、戸口の前」が原義です。preliminary to（〜に先立って）のように、やはり空間詞 to を従えます。limit to（〜の境界・境界線）の to ともつながっています。

また、基礎語 **advertisement**（広告）にも、先の adjustment と共通の意味が隠れています。advertisement は [ad (= to) + vertise (= **turn**) + ment] であり、そもそも広告というものが turning to「〜へ注目を向けること」という意味を背景にしていることも分かります。英語で /vəːrt/, /vəːrs/, /vər/ などと聞こえる語は、何らか「回ること、回すこと」を意味すると推測されることになります。

たとえば vertical（垂直の）は 0°から 90°回転した傾きです。universe（宇宙）は [uni (= one) + verse (= **turn**)] で分かります。*university*（大学）もいくつかの学部が 1 つになったものです。*university* は Basic English のプラス α 語で、国際的語彙のうちの 1 語です。divorce（離婚）も、回ることと関係のある語です。基礎語の **verse**（詩・韻文）も、一定の長さで行が転換します。この verse に -ed 接尾辞が付いた形で、たとえば He is well versed in the Proto-Indo-European language. という文の意味が「彼は印欧祖語に精通している」という意味になることも、versed が「そちらに向いている」などという意味で理解できるようになってきます。こういう場合、実は後ろの空間詞 **in**「中に入っていること」から類推できることのほうがもっと基本にありますが、このあたりに関しては

第三部でも触れます。また、試合や競技でよく略記号の vs. と書かれる元の英語の versus（対）も、「向くこと」であり同系です。

「回ること」を意味する語根 vert, vers に関連してさらに発展的に考えていきますと、この初頭音 /v/ はラテン系であり、ゲルマン系では /w/ だったのです。印欧祖語 (PIE) は実は WERG でした〔以下、この本では印欧祖語はすべて大文字書きとします〕。/w/ も /v/ も「音声」は異なっても、意味は同じとなる「音素」だということになります。言語学では音声 (phone) と音素 (phoneme) は区分されます。音声に対して、音素は意味を区別するか否かを尺度に考えます。**音声は異なっても、意味の区別をもたらせなければ互いに同じ音素**ということになります。音声と音素の区分けを明確にするため、厳密には音声には記号 [ ] を用い、音素には記号 / / を用います。

今日の英語で 850 基礎語中の **word, work, worm** などにおける /wə:r/ の音も、「身体や、身体の一部を回転させること」という原義をもっています。word（言葉）は舌を回転させ動かすこと、work（作業）は農耕や狩猟で身体をやはり回転させ動かすことから来たはずです。そして worm は身体を回転させ地を這うミミズのような「虫」のことです。印欧祖語から今日の英語になるまでに子音ばかりでなく、母音もかなり流動的に交替しました。その結果、今日のゲルマン系の英語 **writing**（書くこと）、wrist（手首）、wrestle（格闘する）、wrap（包む）なども、すべて身体をねじらせ回転させる動作が関わっています。

さらに例を挙げれば wrinkle（しわ・しわを寄せる）もそうですし、そもそも wring（しぼる・ねじる）という語が英語にあります。作業用の道具に wrench（レンチ・スパナ）もあります。また、writhe（身もだえする）という英語もあります。ここでも原音と原義の一体化が垣間見られます。実は基礎語 **war**（戦争）も、印欧祖語は WERS でしたが同系語です。戦争をイメージ化してください。身もだえしない戦争はないでしょう。

一見、互いに遠い関係に思われる英語語彙も、実は近い関係とし

ていくつも見えてきます。原音と原義を追っていくと、望遠鏡を用いてモノを見るように、遠くに見えた各語の意味的関係が近づけられ、よく見えてくることになります。そしてその成り立ちもよく分かってきて、英語が真によく理解できることにつながってきます。850 基礎語も多くは実は同じルーツから来ているのです。

　上で見た advertisement と近い関係にもある他の語の例を出してみましょう。たとえば **addition**（付加）も同じ接頭辞 ad- をもっていて、[ad + di (= to **give**) + tion] であり ad = to から、やはり addition to と空間詞の to をしばしば従えることになります。tion はもちろん名詞の接尾辞で、<**act, process, effect,** condition of ...> の意味です。ad の元は a であり to の意味で、次に来る文字の影響で ab, ac, ad, af, ag, al, am, an, ap, ar, as, at などに変化します。文字と言いましたが、そもそもは音がもちろん先にあったのであり、その音が文字化されたわけです。したがって、本来は音声記号の [əd] や、もっと正確には音素記号で /əd/ のように示すべきことになります。音声と音素の違いに関しては上で言ったとおりです。

　さらに addition の語根 di は、印欧祖語の DO (= to give) から来たもので、たとえば donation（寄付・寄贈）、donor（寄贈者）、dose（薬の服用・投薬する）、pardon（許し・許す）、date（約束・約束する）、data（資料・データ）、dare（大胆にも〜する）などの英語ともなっています。

　seem（〜に見える）も **seed**（種(たね)）も、根元では共通の意味をもっています。同系語です。印欧祖語はそれぞれ SEM, SE で、どちらも「種(たね)」の意味でした。seem は「種が同じに見える」が原義です。印欧祖語族の古代人はサバイバルのため、衣食住での食としての穀物とその種への関心から、意味を多様に拡張させていったわけです。「穀物」を意味する印欧祖語は GHREN でした〔印欧祖語にはこのように帯気音の /h/ が用いられる語が多くありましたが、上付けの小文字書きで G^{h}REN のように表記してもよいですし、便宜的には h を入れず単に GREN と表記することもあります〕。

音素 /siː/, /sim/, /sem/, /sin/ などという響きで聞こえてくる英語は、しばしばこの「種（たね・しゅ）」の意味をもっています。**same**（同じ）もそうです。similar（似た）もそうです。穀物の種類のことから来ています。やはり 850 基礎語ではない season（季節）なども「穀物の種を植える時期」と関わっていますし、seminar（セミナー）も「種を植えること」から来ています。seminary（神学校）、semination（授精）という語もあります。sincerely（誠意をもって）なども [sin (= same) ＋ ccrc (= **growth**) + ly (= in a way)] で、cere は cereal（穀類）とも関係していて、その成長 (growth) のことでもあります。「穀物」の印欧祖語 GHREN からは /grei/, /gre/, /gri/, /græ/ などと響く音素が、穀物そのものやその形状を意味する英語になっています。**grain**（穀物）、**great**（大きい）、grand（壮大な）などがその例です。

　たとえば英語に pulverize という言い方があり、よく用いられもしますがどういう意味でしょう。これも穀物と関係があったはずで「粉々にする」の意味で、850 基礎語の実は powder（粉）とも同系語です。pulverize は [pulver (= **powder**) + ize (= to **make**)] と要素分解できますが、ここでの powder はさらにプラス α 基礎語の *pollen*（花粉）とも同系語です。そしてさらには、基礎語ではない pulp（パルプ）とも同じ系列の語で、植物繊維をばらばらにするような点で共通な意味が感じられます。これら powder, pulverize, *pollen*, pulp などは印欧祖語 PEL から来ています。祖語 PEL は他にも根元ではつながっている多くの英語を生み出しました。音としてどこか共通の響きが感じられませんか。

　同族・同系の語は音節中で子音や母音が頻繁に変異・交替し派生音を生むことになりますが、それは長い歴史のなかでの自然な現象でした。英語の母体である印欧語からの歴史的変遷の過程で、短母音の /a/, /e/, /i/, /o/, /u/ の相互交替やそれらの長母音化、二重母音化、子音で声帯の振動の有無による有声音 ⇆ 無声音への変異、また舌の位置（調音点）のわずかなズレから子音そのものの推移現象など

すべて自然的なものでした。

　日本語でも、たとえば「行か (ka) ない」、「行き (ki) ましょう」、「行く (ku)」、「行け (ke)」、「行こ (ko) う」のように /ka/, /ki/, /ku/, /ke/, /ko/ と、次につづく接辞との関係で音節中の母音が変異します。ただし、「行 (ik)」の部分は変わりません。この変化しない部分が意味のある最小単位で、この場合の語根ということになります。さらに、たとえば「酒 (sake)」は、「酒 (saka) 場」と母音の /e/ が /a/ と変異しますし、「甘酒 (zake)」、「居酒 (zaka) 屋」ではそれぞれ /zake/, /zaka/ と語頭の子音が元の /s/ から /z/ へ音変化するとともに、語尾の母音もそれぞれ /e/, /a/ と変音します。さらには「洋酒 (shu)」のように、/ʃu/ ともなります。しかし私たち日本人はどれも「酒 (sake)」の派生音であるとして理解します。他に例はいくつもあるわけで、同系語の語根から派生語が次々と生み出される過程もいわばこういうことであり、何も特別なことではありません。

　また、印欧祖語の WRAD は植物の「根」を意味しました。そしてこの食べ物の１つとしての根への関心から、さまざまな語と意味が生まれました。**root**（根）、radish（大根）、radical（根本的な・急進論者・語根・語幹・漢字の部首）などがそうです。また、irradicable（根絶できない）という英語もありますが、これも [ir (= not) + radic (= root) + able] から意味は推測できるでしょう。

　sense（意味）も、印欧祖語 SENT = to **go forward**「前へ向かうこと」からの派生で、**send**（送る）、scent（匂い）、consent（同意する）、sentence（文）、resent [re (= **back**) + sent (= to go forward)]（憤慨する）などの英語となりました。いずれも「モノや感情・感覚が向くこと」の意味を暗示しています。root sense（根源的な意味）とは、まさに「植物の根へ向けられる感情・感覚」のような意味を背景にもっています。語尾の子音 /s/, /d/, /t/ は発音するときの舌の位置（調音点）が同じか少し違うだけで、やはり同じ音素として変異しました。

　子音の有声・無声の変異や母音交替は、現在形、過去形、完了

分詞形で音や表記法が異なるものが英語に多くあることも想起すればよいです。たとえば上の現在形 send の例であれば過去形と完了分詞形が sent で /d/ → /t/ と子音が変異しました。また、**take** は took, taken で現在形、過去形、完了分詞形がそれぞれ /tei/, /tu/, /tei/、**keep** は kept, kept でそれぞれ /ki:/, /ke/, /ke/ ですが、母音は交替しても同じ系列語だという一連のこのあたりの事情を心得ていれば、音的に異なって聞こえ、文字的にも違って表記される語が実は同語源からの派生であることが徐々に見えてきます。未知の語も目で見て分かる・耳にして分かるとはそういうことで、本来的には音の表す意味から、読んで理解できる・聴いて理解できるというこの本の趣旨である最小限の語彙力しか有しない、いわゆる語彙力不足でも「英語が読め、聴ける」ということの一端が、多少ともお分かりでしょうか。以下、さらに説明していきます。

　接頭辞・接尾辞の接辞と語根に関してですが、巻末付録 1 での〔注〕で書きましたように、Basic English では 850 基礎語に付加される接辞の接頭辞としては基本的に **un-** の 1 つ、そして接尾辞としてはやはり基本的に **-ed, -ing, -er, -ly** の 4 つの、合計 5 つのみに集約されます〔例、**undoubtedly**（疑いなく）は < un- + doubt + -ed + -ly > で 3 つの接辞を用いた 1 語〕。この 5 つの接辞の意味は大まかにはモノ・コトとともに、その状態・様態としてとらえられるでしょう。あらゆる英文を読み・聴くためには接辞としてこの 5 つ以外には、特に接頭辞に注目するとよいです。接頭辞に対して接尾辞は品詞的に動詞 V か、形容詞 A か、名詞 N かなど、ほぼ見当がつき比較的簡単です。最も重要なのは**語根**であり、語根に関しての知識をもつことが特別に必要です。ただしこれも、既知の 850 基礎語の中のどれかから推理・類推すれば、その意味が本質的にとらえられます。

　たとえば、比較的よく知られている語と言えるでしょうが、superstition / superstitious（迷信／迷信的な）は [super (= **over**) + sti (= to **be up**) + tion / tious] であり、この場合、接頭辞の super や接尾

辞の tion, tious は特に問題ないでしょう。ただ、super は sum（合計する・要約する）、summit（頂上・極致）、sovereign（主権を有する・主権者・統治者・君主）などの語にもなり、それが組み込まれています。super の印欧祖語は UPER でした。語根の sti は印欧祖語 STA からのもので **station**（駅）、**stage**（舞台）、**star**（星・恒星）なども同系です。どれも「立ち、動かない状態にあること」の原義をもっています。さらに STA は /ste/ の音ともなり、**stem**（茎）、**system**（システム）[sy (= same) + stem] などの中にも織り込まれています。副詞の基礎語 **still**（なお）も同系語です〔形容詞の still（静かな・じっとした）は基礎語とは見なしませんが、同系ではあります〕。さらに基礎語ではない stare（見つめる）、stay（留まる）、state（国家・状態）、steady（確固とした）、substitute（〜に代わる）[sub (= **under**) + sti (= to be up) + tute] など一連の同系語が英語にあります。

　接頭辞の super をもつ語との関わりから、たとえば第二音節の per の部分にアクセントがかかる superfluous はどういう意味でしょう。これは語としての構成要素 <super + flu- + ous> に分解できますが、語根の flu は to go in「流れること」の意味です。これから類推すれば superfluous が「過度の、あり余るほどの」の意味であることは見えてきます。まして文脈があれば推測できます。

　語根 flu は Basic English の 850 語以外のプラス α 語も含めて考えれば、*influenza* [in (= in) + flu + enza)] が国際的語彙としてのプラス α 語ですので、これをあてがって推理もできます〔すでに言いましたが、この本では **Basic English におけるプラス α 語は例外なくすべてイタリック体**で示します〕。インフルエンザは「流行 (to go in) するもの」です。Basic English のプラス α 基礎語も知っていれば、原義を知るのに大いに役立つ例の 1 つとして取り上げてみました。850 基礎語でもプラス α 基礎語でもない、たとえば influence（影響）なども同源語です。

　音としては /flu/, /flou/, /fliː/, /fluː/, /flʌ/ などの音節中で、/fl/ と

いう子音結合が脳に響いてくれば、その語が本来的には「流れること」の意味かと直感できることにもなります。例を挙げてみれば **flight**（飛行）、*flood*（洪水）、*flow*（流れる）、float（浮く）、flee（逃げる）、fluent（流暢な）、fleet（艦隊）、fluid（流動体）などがありますが、文脈からも推測できます。flight は 850 基礎語中の 1 語、イタリック体にした *flood* は科学等（地質学）用語としてのプラス α 基礎語、*flow* は韻文／聖書用語としてのプラス α 基礎語です。他の標準体の語は一般語です。

　さらに実はこの /fl/ は、元は /pl/ でした。すなわち、これらの語はそもそも「流れること」を意味する印欧祖語 PLEU から来ていて、初頭の子音が /p/ → /f/ と規則的に派生音化して多くの英語となったのです。ただし、やはり元来の /p/ をもった語も英語に共存しています。たとえば pluvial（大雨の・多雨期の）、pluviometer（雨量計）などのラテン系の語が今日の英語となっています。

　要するに、上で太字書きにより少し例を示しましたが、未知の語も C.K.Ogden 選定の基本的に **850 基礎語の原義**を心得ていれば、それをあてがい、**類似性を引き出し照合する**ことで意味が推理・類推できるようになるはずだということです。**特に強勢のかかる音節の最初の子音に注目する**のです。**その音が互いに近ければ意味も互いに近い**ということです。**子音に比べ、母音そのものは一般に特別な意味情報をもってはいない**と考えてよいです。たとえば **surprise**（驚き）も、**prison**（牢獄）とも同語源なのです。この 2 語の語形・字面をそれぞれじっくり見比べてください。似ていることが見えてきませんか。surprise は [sur (= over) + prise (= to take)] ということで、「驚かせること」は「不意をつく」ことであり、「捕まえること」です。prison も、もちろん捕まえた人を収容する場所です。「捕らえること」が両者に共通する原義です。

　さらに surprise, prison は基礎語でない prize（賞・捕獲物）などとも同語源です。またさらに prize は、語尾の /z/ が /s/ と無声音となる基礎語 **price**（値・価値）とも語源的に同じです。獲物など、

「捕まえたものには価値がある」という考え方が背景にあるわけです。英語語彙の**音と意味の関係**を、そもそもの**語源で把握していれ**ば未知の語を見たり、聴いたりしても**既知の 850 基礎語をあてがって考える**ことで、その本来的意味の見当がつくようになります。音声的にも古(いにしえ)に回帰することにもなります。

　surprise, prison, prize, price などの中に埋もれている語根 pris, priz は「捕まえること」を意味するということです。これを知れば、たとえば基礎語ではない comprise（包含する）なども、[com (= with, together, all) + prise (= to take)] から分かります。文脈もあれば推測はもっと容易になります。

　さらに「捕まえること」を意味する語根をもち、基礎語ではない例を挙げておきましょう。たとえば apprehend（逮捕する・懸念する・心配する）なども [ap (= to) + prehend (= to take)] で、語根 prehend がやはり「捕まえ連れていく、捕(と)りつく、捕りつかれること」という意味をもっています。同様に comprehend（理解する）や、その名詞形の comprehension（理解）も [com (= with, together, all) + prehen + sion] から納得できるでしょう。

　また、prey は「餌食(えじき)」です。これも同系語です。１つの語を覚えたら他の語が接頭辞、語根、接尾辞から要領よく取り込めます。語根 prehend はさらに、そもそも [pre (= before) + hend (= **hand**)] ですので、手とも結びつき「手で捕まえる」が原義となります。接頭辞の pre は元来が印欧祖語 PER から、そして語根の hend は印欧祖語 GHEND から来ています。

　もっと身近な例を挙げれば、たとえば **very**（非常に・たいへん）は印欧祖語 WĒRO から来ていて、「まさにそうであること (**true**)」が本来の意味です。上で見たように、やはり /w/ が /v/ (/w/ → /v/) となり verily（確かに）、verify（立証する）、verification（立証）、verity（真実）、veracious（真実の）、verdict（評決・判定）などの英語にも今日なっています。verdict は [ver (= true) + dict (= to say)] と要素分解できます。

もう1つだけ例を挙げておきましょう。たとえば **story** には「物語」と「（建物の）階」の意味がありますが、実はこれは **history**（歴史）とも同系語なのです。story はラテン語系で、history はギリシャ語系ですが、中世の時代の建築物に各階の区別を示すため窓に聖書の内容や、歴史物語が装飾的に描かれたことに由来します。原義を心得ていると、こういう語の意味も根っから実感できることにもなるでしょう。

　本第一部で扱った上記の例は、ほぼすべて次の第二部でも改めて確認もしますが、まずはここまで少し導入をしました。「**音と意味の一体化**」**からの類推（アナロジー）に慣れる**ことで語彙力がついてきます。初めは難しく感じられるかもしれませんが、慣れてくると抵抗がなくなり、すんなり受け入れることができるようになります。どんどん慣れ、勘がつき始めたらしめたものです。常に発見もあり、発見の連続となります。楽しみながら**音感と語感を培う**ことができ英語が実感できるようになってきます。そして各語に愛着ももてるようになってくるはずです。こういう類推思考で語彙力は確実に身につくでしょう。

　語彙力をつけるために各語の語源に注目し、簡素な本質的意味である**原義を察知する訓練**をするのです。英語が根っからよく分かるためには、これがどうしても必要だと思います。その基本としては、やはりまずは C.K.Ogden が発表したわずか **850 語の最小限の英語基礎語から、その語源に注目**してみたらどうでしょう。そうすれば Basic English が書き・話すだけでなく、広く英語を読み・聴くのにも有効であることが見えてくると同時に、英語力そのものが深く根を下ろすことになるはずです。

　上での太字書きの語はすべて 850 基礎語のうちのものだと言いました。少し例（850 語中の約 70 語）を出したのですが、次の第二部ではこういった 850 基礎語の多くも同じルーツから来ていること、さらに一般の語も多くが同じルーツをもっていることを、基礎語を軸に実際に見ていきます。そして第三部では、具体的な読み

物を通し実践的にその活用法を考えていくことになります。

参考

黒海周辺からの印欧祖語民族の移動

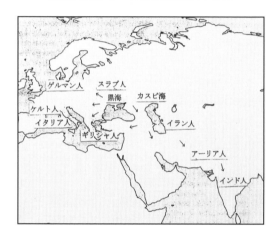

第二部
印欧祖語 からみる 850 基礎語・
プラス α 基礎語・一般語の語源別類型

　太平洋戦争が終わったことなどの事情が分からず、グアム島のジャングルの洞穴の中に隠れ、28 年間生存していた元日本兵がいました。愛知県出身の横井庄一さんという人で、無事 1972 年に日本に帰還することとなりました。"恥ずかしながら帰って参りました" という有名な言葉を残したことで知られています。ジャングルでの 28 年間の生活は、まさにサバイバルのための極限状態で、衣食住のためいろいろな工夫をしなければなりませんでした。

　まずは水が必要でした。ジャングルの中の植物をとり、動物を捕らえ、川の中に生息する魚などをとり食べたのですが、そのための道具もいろいろ必要でした。横井さんは元来が洋服の仕立て業に従事していた人で大変器用だったので、道具はもちろんのこと、身にまとう衣類も動植物からとったものを編んで見事に作りました。現在は横井さんの住んでいた自宅が記念館となっていて、当時の生活の一端の分かる洞穴の内部構造なども再現されています。

　私たちからすると不自由な生活だったように想像しますが、一方では慣れで案外そうでもなかったのかもしれません。不自由きわまりないものであったならば、28 年間も生きられません。横井さんは最小限の身の回りのモノを最大限に利用し、その使い方を発見していったことでしょう。

　英語もぜい沢に多くの語があっても、その本来の意味と使い方が分からなければ宝の持ち腐れです。少ない数の語彙しかなくても、それぞれの語の原義を知りその用途を発見すれば、かなり間に合う

はずです。

　印欧祖語族もサバイバルのため狩猟・農耕に従事するなか言葉を発声し、少ない語彙数で部族の間の意志伝達をはかりました。この第二部ではすでに第一部で少し触れたものもありますが、改めて印欧祖語を振り出しに、**そして Basic English の基礎語の視点から英語語彙の語源別類型・語群の提示**をしてみることとします。

　このための例となる適当な語の取捨選択・分類は大変な労力のいる作業ですが、ここでは文献として *The American Heritage Dictionary of Indo-European Roots* (Watkins, C.) や、比較言語学的な研究を背景に編まれたいくつかの優れた文献・資料を参考にしつつ私なりに整理し、考えてみます。何千年も昔、黒海周辺にいた印欧祖語族の素朴な生活ぶりを想定・イメージし、できるだけ簡素に説いてみたいと考えます。

　太字体の大文字書きで示すものが印欧祖語 (PIE)、あるいはそれと根元でつながっている**語根**です。そして分かりやすいように、今日の英語の基となっている語根には 矢印（⇒）でそれを示しておきます。その下にそれぞれ**太字体の小文字書きで列挙する語**が Basic English 850 基礎語中の**語の例**で、**イタリック体で示す語** は Basic English で便宜的に用いることのある**プラス α 基礎語の例**です。そして **cf. に列挙する語**はそれ以外の一般語の例です。第一部ですでに言いましたが、全 850 基礎語と全プラス α 基礎語に関しては、巻末の付録でそれぞれすべて一括して一覧表に示しておきましたので参照してください。

　なお、この本は印欧祖語そのものを追究するものではもちろんありません。また、語源学上で印欧祖語の推定語形は文献により表記法に多少の相違もあります。したがって以下で示す表記法は必ずしも正式・厳密なものばかりともせず、分かりやすくやや便宜的に簡略化するものはあります。ただし、その原型は保っている表記法とします。

　基本的には 1 音節で、文字としては 3 文字以内の形で提示するよ

うにしますが、4文字以上の語形で示すものもいくつかあります。複数個を併記するものはその異形です。ここでの目的は、基本的に定説となっている印欧祖語の推定語形（もちろん文字をもたなかった印欧祖語族の言語ですので、より正確には推定音形）から派生した今日の英語の語彙体系を考えることです。

それぞれの語を個別ではなく、語群として原義（root sense）でとらえておくことがポイントです。語群で覚えておけば確かな語彙力として根を下ろすはずです。各語群で太字書きの850基礎語中の語は、すでに知識としてあるものとし日本語を併記することは省きますが、イタリック体のプラスα基礎語と、cf. に列挙する一般語にはすべて対応する日本語を付けておきます。

(1) **WED ⇒ WA**：水のこと

water, wet, wash, winter, *whisky*（ウイスキー）、*vodka*（ウオッカ）

cf. wade（水の中を歩く）、aqueous（水溶性の）、aquarium（水族館）、aqualung（アクアラング）、hydraulic（水力の）、hydric（湿気のある・水生の）、hydrogen（水素）など

〔解説〕

印欧祖語族は衣食住のサバイバルのため、やはりまずは水を求めねばなりませんでした。季節ごとの雨の量、冬での雪の降る量などが狩猟・農耕に影響しました。印欧祖語との関わりで、それぞれの語の音と意味を一体化するのです。何度も口で唱えると共通な原義が感じられてきます。英語となったこれらの語は、すべて元は「水」を意味する印欧祖語 WED から来ていてルーツは同じです。

C.K.Ogden の考えによる基礎語ではない cf. の wade は、特別に水の中を歩く意味で用いられる語です。aquarium はラテン語系の語で、構成要素に分解すれば [aquari (= water) + um (= place)]、そして hydrogen はギリシャ語系の [hydro (= water) + gen (= produce)] であり、それぞれ語根部の aquari, hydro も「水」を意味する同じ印欧祖語 WED に由来するのです。語形からそうとは思えないでしょうか。似ても似つかないでしょうか。

とても似ていないと思えるいくつかの語も、慣れると共通の意味を背景にもっていることが見えるようになるのですが、ここでの例の aquari には /kwe/ の音の響きが聞こえてきます。また、hydro は hudor や hudro という語形からも派生しましたが、そもそもギリシャ語系では先頭音の /w/ は消失しました。そして /w/ も /h/ も同じ音素で、意味の区別はありませんでした〔音声と音素の違いはすでに触れました〕。したがって WED の /w/ が消失し /h/ となるとともに、英語では母音 /e/ が /ai/ と二重母音化し hydro となりました。半母音 /r/ は water, aquarium, hydraulic などの中にも響きます。イタリック体の *whisky, vodka* は国際的語彙としてのプラス α 基礎語です。*whisky* は *whiskey* とも綴ります。たとえば、アメリカでは国産のものは *whiskey* と綴り、外国産の *whisky* と区別することもあります。

この例を少し難しく思われたかもしれませんが、克服できる難しさです。慣れればそれほど難しくもなく 850 基礎語（Basic 語）やプラス α 基礎語（プラス α Basic 語）をよりどころとし、それ以外の一般語（un-Basic 語）の意味も類推することができるようになってきます〔以下、この本では括弧内のようにそれぞれ **Basic 語**、**プラス α Basic 語**、そして非 Basic 語である一般語を **un-Basic 語**と言うこととします〕。

文脈があれば類推・推測がさらに容易になり、語彙力不足でも英語が読め、聴けるようにもなってくるはずです。第一部ですでに言いましたが、一般に**強勢のかかる単音節中の音、それも特に先頭の子音に注目**するのです。**その強勢のかかる音節に原義が読み取れる**ことが多いです。印欧祖語からの子音の変異は顕著ですが、発声するときの舌の位置は同じか多

少のズレは、しばしば同じ音素と考えてよく意味の相違とは関わりません。また、一般的に母音の変異もきわめて流動的ですが、**母音の交替は基本的に特別な意味情報をもたらさないと考えてよい**と言いました。やはり意味に変わりはないということです。

(2) **KAP ⇒ CAP**：獲物の頭をつかみ捕らえること、頭のこと
keep, have, happy, chief, receipt, able, *cattle*（家畜）、*capacity*（能力）、*purchase*（購入）

　　cf. cap（帽子・上限）、capture（捕獲する・捕獲）、captive（捕虜・人質・捕虜となった）、capable（能力のある）、ability（能力）、cape（肩マント・岬）、escape（逃亡する・逃亡）、capital（資本・首都）、happen（偶然起こる）、captivate（魅惑する）、perhaps（おそらく）、catch（捕らえる）、chase（追う）、chapter（〔本などの〕章・〔組合、協会などの〕支部）、reception（受け入れ・接待）、except（除いて）、deceive（欺く）、conceive（考えを抱く）、perceive（知覚する・気づく）、achieve（達成する）、chef（料理長）など

〔解説〕
　　ここでの語はすべて「頭」や「偶然つかみ捕らえること」の意味をもっています。そしてここでは先頭子音 /k/, /h/ が意味を区別しない同じ音素であることが分かります。またラテン語系では /tʃ/, /s/, /ʃ/ にもなっています。Basic 語 able（有能な）はラテン語 'habilem' (= to have) などを経て変遷し、/h/ が消失し英語となりました。獲物の頭をつかみ、捕らえることは部族の能力 (ability) でもありました。

　　イタリック体で示した *cattle* は韻文／聖書用語〔一般に韻文／聖書用語は両用されます〕としてのプラス α Basic 語ですが、家畜の頭数は財産 (capital) でした。*capacity* は科学等用語としてのプラス α Basic 語です。また、「買うこと」を

意味する *purchase* も科学等用語（ビジネス、および経済学用語）としてのプラスα Basic 語ですが、[pur (= for) + chase (= head, to go after)] で「追い求めて、頭を掴み取ること」が原義です。

「逃亡」を意味する un-Basic 語の escape は [es (= out) + cape (= head)] ですし、獲物を捕らえることは happen な（偶然起こる）ことでもありました。獲物に魅了 (captivate) されても、捕獲できないことも多分 (perhaps) に [per (= through, by) + haps (= chance, head)] ありました。cap の /kæp/ などの音は、reception, except などの中にある /sept/ の音ともなりました。except は [ex (= out) + cept (= to take)] です。

英語語彙には他に多くのこの類型のものがあります。Basic 語を基本とすれば少しずつ勘が働くようにもなり、未知の語に出くわしても意味が意外と簡単に推測できるようになってきます。なお、すでにいくつか示しましたが第一部と同様、この本では**語の構成要素への分解でイコール記号（=）で示す語**は、プラスα Basic 語を用いるものも 2～3 例ありますが、**基本的にすべて 850 Basic 語中の語**です。Basic 語で大抵のことはその本質的意味を提示することが可能です。**850 Basic 語は、ほぼあらゆる概念を言い表すキーワード**だからです。別な言い方をすれば、英語におけるすべての語が基本的に 850 Basic 語の意味を背景にもっていると考えてよいということです。

次の (3)～(5) で印欧祖語族にとって狩猟・農耕とともに、日常生活で身近に必要であったモノの例を見てみます。

(3) **LINO / LING (LIGN) ⇒ LIN / LIG：亜麻／亜麻糸のこと**

linen, line, long, tongue, language, religion

 cf. linger（長引く）、elongate（引き伸ばす・長くする）、

belong（属する）、colleague（同僚）、oblige（義務づける）、ligament（靭帯）など

〔解説〕

　ここでの6語のBasic語と6語のun-Basic語は、すべて亜麻や亜麻糸のことです。linen（亜麻布）は亜麻植物の繊維から取った糸で織り、丈夫で衣服に適していました。糸は線状(line)に長い(long)ものですし、舌(tongue)は糸のように伸び、言葉(language)は舌を使います。宗教(religion)も糸のように長きにわたり(linger, elongate)、一員として所属(belong)し、仲間(colleague)の心を結びつけ、義務を負う(oblige)ものです。音素 /lɪn/, /laɪn/, /lɔːŋ/, /tʌŋ/, /læŋ/, /lɪdʒ/ などはすべて同じ意味となります。

　tongueの語頭音は /l/ → /t/ となっていますが、こういう変遷も興味深いです。tongueの推定印欧祖語はDNGHUでもありますが、/l/, /d/, /t/ は発声するときの舌の位置はほぼ同じで、同系語です。

(4) **STREIG** ⇒ **STRE**：縄のこと

straight, stretch, strong, *strain*（ひずみ・変形）、*strength*（強度）、*stress*（圧力）

　cf. string（ひも・糸）、strict（厳格な）、restriction（制裁）、district（地区・管区）など

〔解説〕

　上の亜麻糸とも似ていて、モノを縛るための縄から「真っすぐに強く張っている」という感じの音と意味をもった語群が抽出できます。糸とともに縄も重要なモノでした。漢字の「縄」は糸偏をもっていますし、「縛る」「締める」「緩める」「結ぶ」「絡む」などもやはり糸偏です。母音の交替はありますが、子音の /str/ は共通です。したがってこの音の響きと意味に敏感になればよいわけです。

un-Basic 語の restriction は [re (= back) + strict (= straight, stretch) + ion] の re からも restriction <u>to</u> ...（〜の制約・制裁）のように、しばしば空間詞 to を従えることにもなります〔この本では前置詞とか、場合により副詞と言われる語を「空間詞」と呼ぶことは第一部ですでに言いました〕。

　なお、*strain, strength, stress* は科学等用語としてのプラスα Basic 語です。巻末の付録2を参照してください。

(5)　**STEIG ⇒ STEIK ⇒ STIK**：棒、杭(くい)のこと
stick, stitch, sticky, attack, stocking, ticket
　cf. stake（杭）、stack（積み重ね）、staff（棒・部員）、stock（切り株・株式）、steak（肉）、attach（付着する）、etiquette（作法・エチケット）など

〔解説〕
　棒や杭(くい)も印欧語族にとって生活必需品であったはずで、祖語からいくつかの音と語が派生しました。絶妙な音交替や子音 /s/ の消失を経ている語もありますが、やはり一般的な音推移です。太字書きの Basic 語 attack は [at (= to) + tack (= stick)] で、「杭に結びつけること」の意味です。stocking（ストッキング）は刑罰として罪人が杭に脚絆(きゃはん)（ゲートル）で両脚を結びつけられたり、動けないよう木の切り株の穴の中に両脚をまさに今日のストッキングを履(は)いたような恰好(かっこう)で入れられたことに由来します。

　/s/ の消失した Basic 語 ticket は元は、杭に貼り付けられ、守るべき決まり・規律の記されたお札のことで、これは un-Basic 語の etiquette ともなりました。さらに、un-Basic 語の steak（肉）は串刺しにして焼いたことに由来します。ここでの語はすべて同じルーツをもつ同系語となります。

　日常生活で何かとモノを切ることも必要でした。それを次に見てみます。

(6) **SKER ⇒ SCER**：切ること

screw, skirt, sharp, short, shirt, ship, scissors, *scale*（穀物の殻・魚などのうろこ）、*scarp*（急斜面）、*shore*（海岸）、*share*（株・株式・出資）、*shear*（ひずみ・ずれ・裁断機）

cf. scar（切り傷）、scrape（かすり傷）、scratch（ひっかく・はがし取る）、scatter（散らす）、shatter（粉々に割る）、skill（技）、score（得点・20）、carve（刻む・彫刻する）、carnival（カーニバル・謝肉祭）、carnage（殺戮・大虐殺）、shave（剃る）、shuffle（ごちゃまぜにする）、shovel（シャベル）、shape（形）など

〔解説〕

Basic 語の skirt, shirt は作業着の袖や裾を切ることから来た語ですし、船の ship は丸太を切って造ったわけです。モノを切るための道具としてのハサミ (scissors) も必要になってきました。scale は「秤」などの意味では Basic 語なのですが、「殻、うろこ」の意味で用いるのは Basic English では 850 語以外の科学等用語としてのプラス α 語となりますので、ここではイタリック体で *scale* としておきました。*scarp, shore, share, shear* も科学等用語としてのプラス α Basic 語です。語群中で語頭の子音に /s/ → /ʃ/ の派生もいくつか認められます。scatter, shatter の語尾の er は反復の意味です。

un-Basic 語 skill は切ることの熟練度・技術のことです。日本語でも「切れる技」などと言ったりもします。また、数としての score「20」は第一部の冒頭ですでに出てきました。fourscore and seven years ago は「87 年前」の意味でした。score は、元は人間の手足の指の数が 20 本であることから来たのですが、羊などの家畜の頭数を数えるのに 20 頭ずつで棒に刻み目を付けたこととしても知られています。さらに杭や石に数を 20 ずつ刻んだことからも来ています。

なお、fourscore に s は付きません。これは $4 \times 20 = 80$ と

いうことです。2語書きで four score とすることもあります し、ハイフンを付け four-score ともします。旧約聖書の「出 エジプト記」（第7章7節）で 'Moses was fourscore years old when he died.'「モーゼは死亡したとき 80 歳であった」と記 している英語版聖書もあります。

　/sk/ と /ʃ/ の子音が交替しているのが分かります。意味に 区別はありません。音声は違っても音素は同じということ です。*share* は「切って」分けることです。shuffle, shovel, shape も同系と考えてよいでしょう。shuffle の語尾の le は反復の意味です。shovel は [shov(e) (= push, cut) + el (= instrument)] で手荒く「押し切る」ようにする道具のこと、 shape は「切って」形をとることです。

(7)　**DRA**：引っ張ること

drawer, drain, dry, drink, driving, train, trade, attraction, through, pull, *drift*（〔土砂などの〕漂積物）、*travel*（旅）、*subtraction*（減 法・引き算）

　cf. drag（引きずる）、draft（草案・草稿・通風・為替手形・ 徴兵）、drought（干ばつ）、trace（引いて跡をつける）、trail（通っ た跡・経路・道）、track（踏みならされた道）、tractor（牽引車・ トラクター）、contract（契約・契約する）、retract（引っ込める・ 撤回する）、travail（苦労・骨折る）、treat（扱う・もてなす）、 thorough（徹底的な）、pluck（摘み取る）など

〔解説〕

　これは印欧祖語 DRA から来た同系語群の例です。/d/ と /t/ がやはり同じ音素であることがここでも分かります。 Basic 語の dry は「水が引いて乾くこと」、drink は「水を口 に引くこと」、train は「引いて列にすること」が本来の意味 です。後にはこの train が「動力車を引くこと」の意味にも なりました。trade は「物品の取り引きをすること」です。

attraction は [at (= to) + tract (= pull) + ion] です。なお、pull は印欧祖語からは相当かけ離れていて関連性がやや明確でないのですが、後に語頭の /d/, /t/ が /p/ ともなり、古英語の pull にまでなったと考えられます。pull は「鳥などの羽毛を引き抜くこと」がそもそもの意味であったというのがほぼ定説です。un-Basic 語の pluck とも関係がありそうです。*drift* は科学等用語(地質学)としてのプラスα Basic 語です。また、*travel* は Basic English では韻文／聖書用語としてのプラスα 語で、元来は「家畜を引いて旅に出ること」を意味しました。*subtraction* は科学等用語としてのプラスα Basic 語です。

/d/, /t/ から唇を閉じる /p/ (両唇音) への変異は、発声するときの調音点としてはほんの少しのズレにすぎません。また、through の語頭の /θ/ もそうです。un-Basic 語の thorough は through の異形です。travail は [tra (= three) + vail (= stick)] でもあり、3本の棒を用いた火あぶりの刑罰の意味からも来ています。treat (扱う・もてなす) も「引き入れること」が原義となります。一連の語群からフォニックス (音とスペリングの関係：phonics) 的にも各語が歴史の洗礼を受けてきたことをうかがわせますし、印欧祖語族やその後の部族の生活の一端も見え隠れします。

なお、Basic 語の driving を印欧祖語 DHEIBH からとする文献もあります。これですと確かに driving という語に祖語から受け継いだ音の響きを感じますが、ここでは簡素に祖語 DRA からとしておきます。「引くこと」の反対の「押すこと」を次に見てみましょう。

(8) **PEL**：押すこと

push, impulse, put

cf. compel (強制する)、compulsory (必須の)、propeller (プロペラ)、pulse (脈拍)、appeal (訴える)、expel (排出する)、

repel（水をはじく）など

〔解説〕

Basic 語の impulse（衝動）は「押すこと、求めること」が簡素な原義 (root sense) です。un-Basic 語の propeller は分かりやすい例で、[pro (= before) + pell (= push) + er] です。pro は「前」です。

すでにいくつか見てきましたように、**印欧祖語から今日の英語に至るまでには子音も母音もいろいろ交替**しました。この例では母音 /e/ が、/u/ や /ʌ/ にも派生しているものがあります。英語はまさに混成語です。そうであるがゆえに、日本人などにとって語彙の面からだけでも大変難しい言語となっています。それでも規則性を見い出せば、かなり楽になります。学び方のコツをつかむことだと思います。

上の語群などを基に語感をつかんでおけば文中で未知の語に出くわしたり、聴いたりしたとき意味が推測できるようになります。たとえば上の例の repel は動詞ですが、water-repellent cloth であれば「防水布」、insect repellents であれば「防虫剤」であると理解できるようになります。cloth, insect は Basic 語です。repellent は名詞にもなります。この repellent は [re (= back) + pell (= push) + ent] ですが、そもそも re (= back) で「後ろ」の意味であることのほうが理解法としてもっと基本的だと言えるでしょう。空間的な意味でとらえるわけです。すでに触れたところがあります。

文中を通してのこういう例の活用法に関しては、この本の第三部で考えます。上で「引くこと」「押すこと」とともに、空間的な「前」「後ろ」の例を引き合いに出しましたので、次に改めてこの空間的な「前」に関わる例を見てみましょう。

(9) **(PER) ⇒ PRO**：前方へ向けること

profit, protest, produce, purpose, front, for, forward, before, first,

product（積）、*program*（プログラム）、*prophet*（預言者）

cf. problem（問題）、pursue（追求する）、premium（景品・プレミア）、forth（前へ）、forecast（予想する・予報する）など

〔解説〕

ここでは印欧祖語の PER を括弧付としておきます。語頭の子音 /p/ が、ラテン系ではそれを残していますがゲルマン系では /f/ となり（/p/ → /f/）、「前方へ向けること」の意味の語がいくつも生まれました。produce（生産）は Basic English では名詞としての語です〔巻末付録1の［注］④参照〕。これは [pro (= before) + duce (= guide)] です。ついでながら、後ろの duce の duc は語群中の語 *product* や、他には seduce（誘惑する）、introduce（紹介する）などの語にも組み込まれています。purpose は [pur (< pro) + pose (= to put)] で、母音の /o/ が /əːr/ となるとともに、半母音の /r/ の位置も転換しています。印欧祖語からこういう /r/ の音位転換も一般的な傾向です。

before は [be (= by) + fore (= front)] で、by は片側・そば (near) の意味です。特に英語で for が「前方へ向けること」の意味となったことは注目しておいてよいです。たとえば a cup for *coffee* は「コーヒーカップ」のことであり、*coffee* cup と同じ意味となります（cf. a cup of *coffee*「一杯のコーヒー」）。*coffee* は Basic English では国際的語彙としてのプラス α 語です。また、for は空間から時間へも横滑りし、I will be here for three days.「私はここに3日間います」のようにも用いますが、原義は空間的な「前方へ向けること」です。また、for は「なぜならば」という「理由」の意味にもなりますが、理由は前面に出てくるものです。

イタリック体の *product* は数学など科学等用語としての、*program* は [pro (= before) + gram (= writing)] で国際的語彙

としての、そして *prophet* は [pro (= before) + phet (= to say)] で韻文／聖書用語としてのプラスα Basic 語です。un-Basic 語の problem は [pro (= before) + blem (= to send)] から来ています。pursue は [pur (< pro) + sue (= to go after)] ですが、purpose と少し似た形で /o/ から /ə/ への母音交替と半母音 /r/ に音位転換が起こっています。premium は [pre (= before) + mium (= to take, get)] です。さらにこの「前方」の意味に関連して、次の例を見てみます。

(10) **DER**：扉（ドア）のこと、扉の外の前方のこと
door, for
　cf. forest（森）、foreign（異物の・他の・異国の）、forget（忘れる）、forgive（許す）、forum（語りの場・公共広場）など
〔解説〕
　上の例（9）での語群とも少し似ています。ここでも関連性から特別に for を入れておきました。今日の西欧人がそうであるように、印欧祖語族も内 (in) の空間と外 (out) の空間の区分けは明確であったのでしょう。家の内と外を区分けするモノが door（扉）でした。家屋の扉を開ければ、その前方は生命も脅かされる野生動物の生息する森の一面の広がりでした。他部族からの危険もあった空間であったわけです。「扉の外の前方」を意味する forest（森）は、上の（9）で見た印欧祖語の初頭子音が /p/ → /f/ と交替した例と似ていて、ここでは /d/ → /f/ (door → forest) ともなった例です。forest は [for (= front, forward, before) + est (= to be)] であり、まさに「扉の外の前方にあるもの」が原義です。他の un-Basic 語もすべて for をもっています。
　foreign という語の中に reign「支配、統治」の意味の英語も見えますが、「外の前方にあり異質の」という意味となります。国であればもちろん「支配権、統治権の異なる外国の」

の意味です。すなわち、foreign は [fo(r) (= front, forward, before) + reign (= rule)] ということです。

forget (< for + get) は「外の前方でつかむ」→「思い出せない、忘れる」、forgive (< for + give) は「外の前方へ放つ」→「許す」のように理解すればよいです。forum はラテン語を経由し英語になりましたが、これは [for + um (= place)] で、ローマの中心部へ出た「前庭、広場」の語感をもっています。いずれにせよ、語頭音が /fər/, /fɔr/ などと響く音は「扉の外の前方のこと」の原義をもっていることになります。

(11) **DEG / TAG**：触ってみること

take, touch, taste, tax, *taxi*（タクシー）、*texture*（きめ・生地・織物）、*tissue*（ティッシュ）

cf. contact（接触）、contagious（接触感染の）、task（仕事・任務）、tag（付け札）、tangible（現実的な・具体的な）、tangent（接線）、technology（技術）、architecture（建築・建築物）、entire（完全な・まったくの・無傷の）など

〔解説〕

本来の印欧祖語は DEG とも TAG ともされ、やや明確さは欠きますが、いずれにせよ今日、英語には語頭子音が /d/ となる語は見当たらなく /t/ となって現われます。語群からは語頭の音節が /teik/, /tʌtʃ/, /tæk/, /teks/, /teidʒ/, /tæŋdʒ/, /tek/, /tiʃ/ などと聞こえてくることになりますが、これらは音声は異なっていても音素が同じで意味はすべて「触ってみること、触れること (touch)」となります。

Basic 語の taste（味）は「舌触り」ですし、tax（税）は本来が「物品に手で触って課税する」という考え方から来ています。今日的には国際線空港での手荷物検査や税関の場面でもイメージすればよいでしょう。イタリック体の *taxi* は taxicab [taxi (= tax) + meter (= meter) + cab (= carriage)] の短

縮語で、「料金（税金）請求の計器を備えた荷車」ということです。国際的語彙としてのプラスα Basic 語です。*texture, tissue* は科学等用語としてのプラスα Basic 語です〔以下、国際的語彙・科学等用語・韻文／聖書用語の区別を記すことをしばしば省略もし、単に**プラスα Basic 語**とも言いますが**本体の 850Basic 語とは明確に区分けし把握**しておいてください〕。

　un-Basic 語の contact, contagious は、接頭辞 con (= with, together) の付いた語形ですので分かりやすいでしょう。contact は [con + tact (= touch)] ですし、contagious も [con + tagi (= touch) + ous] です。この contagious は語根に TAG = touch をもっていることからも分かるように「感染」でも、特に「接触感染」を意味する語です。

　task は「触ってみること」という原義からして、第一部でも少し触れたいわゆる work とはニュアンスが違い「任務としての仕事」という感じです。architecture は [arch(i) (= arch) + tect (= touch) + ure (= condition: 状態)] で、本来は「アーチ（弓形）門を造ること」の意味です〔arch は Basic 語です〕。entire は [en (= not) + tire (= touch)] です。

(12) **WE**：雨風が吹き降りること

wind, weather, window, wing, *fan*（扇状地・扇）

　cf. wither（しぼむ・枯れる）、winnow（穀物を選別する）、ventilation（換気・通風）、ventilator（換気装置・通風機）など

〔解説〕

　印欧祖語族にとって狩猟・農耕作業に影響する天候はもちろん大変な関心事だったはずで、上の太字書きの4語は雨風に関わる Basic 語です。window（窓）、wing（羽・翼）はそもそもは雨風を受け、それを防ぐためのものでした。window は [wind + ow (= hole)] で、「風の出入りする穴」の

意味から来ています。プラスα Basic 語の *fan* も「風雨によりつくられたもの、風を呼び起こすもの」です。

　語頭の音は /w/ も /v/ も /f/ もすべて同じ意味であるのは一般的なことで、/w/ はラテン系では /v/, (/f/) になりました。3つの音は調音点も近く舌の位置はあまり変わりません。/v/, /f/ は有声音と無声音の違いで、声帯の振動の有無の違いだけです。この場合は語頭の /w/, /v/, /f/ の音派生の例ですが、**一般に未知の語も既知の語をあてがって、語頭子音をそれぞれ相互に入れ替えてみることで意味を推測する方法がある**ということです。

　un-Basic 語の winnow は大変よい語です。穀物に風を送って殻を除去し、選別したことに由来しますが、英語で一般に「選りすぐる」の意味でも用いられます。穀物の例を出しましたので、これはすでに第一部でも少し触れはしましたが改めて次に扱ってみましょう。

(13)　**GHREN ⇒ GREN**：穀物のこと

grain, great

　cf. grind（穀物などをつぶす）、grand（大粒の・壮大な）、granular（粒状の）、grenade（手りゅう弾）、granite（花崗岩）など

〔解説〕

　第一部でも少し触れました。Basic 語 grain はいろいろな意味に拡張します。木の「木目」や、カバンなどの皮革の「ざらざらした表面」の意味にもなります。grenade, granite はその形状から来ています。母音は派生音化していますが、先頭子音はいずれも印欧祖語の /g/ を残しています。

　さらに穀物に関する語の別の系統例を見てみます。

(14)　**KER / HER / CER**：穀物の受粉核（芯）のこと

curve, cord, record, heart, circle, certain, secret, increase, *decrease*（減少）、*circus*（円形広場・サーカス）、*circuit*（回路）、*certificate*（証明書）、*circulation*（循環）、*circumference*（円周）、
　cf. curl（渦巻き）、creep（はう）、kernel（核）、core（核心・芯）、corn（トウモロコシ）、concrete（具体的な・コンクリート）、corona（光冠）、courage（勇気）、according（心を合わせて）、create（実を結ばせる・創造する）、creature（生き物・動物・創造物）、cereal（穀類）、sincere（誠実な）、cycle（周期）、cyclone（サイクロン）、concern（関心）など

〔解説〕
　この語群の語はすべて穀物が受粉し、芯(しん)ができ、固く丸く結ばれるような意味をもっています。そしてこれは心の中に残る確信状態にまで意味拡張しました。子音の /k/ と /h/ の交替、さらには /s/ にもなり、半母音 /r/ の位置移動も見られます。
　Basic 語の secret（秘密）は [se (= away) + cret (= to get separated)] で、increase（増加）は [in (= in, up) + crease (= to make)] です。イタリック体の *decrease* はプラス α Basic 語で、[de (= down) + crease (= to make)] です。やはりプラス α Basic 語の *circus* はラテン語を経由して中世期に英語となりました。こういう語群の語を1ユニットの**単語として全体を聴く以前に、単音節の音を耳の深奥で聴き音感と語感を養っていく**とよいです。
　なお、*circuit* は [circu (= round) + it (= to go)] からでもあります。これもプラス α Basic 語です。「誠実な」を意味する un-Basic 語の sincere もこの語群に分類されます。
　農耕作業で穀物などの荷物を運び移動させる必要もありました。次にそれを扱ってみます。

(15)　**WEGH**：荷物を運ぶこと

wave, way, weight

　　cf. wagon（荷車）、vehicle（乗り物）、conveyer（コンベアー）、via（経由して）、voyage（航行）など

〔解説〕

　wave は荷物を運ぶときに「手招きをすること」であり、何でも「波うつこと、波状のもの」です。way は元来、荷物の「運び道」であったものが「手段、方法」の意味ともなりました。先頭音 /w/ がラテン系では /v/ となるのは一般的な規則でした。荷物を運ぶことに関連して次はどうでしょう。

(16)　**REIDH ⇒ REID**：馬で運ぶこと

road, ready

　　cf. ride（乗る）、array（配列する）、already（すでに）など

〔解説〕

　荷物を運ぶのに印欧祖語族にとって馬は欠かせなかったはずです。今日 road と言えば「道路」のことですが、そもそもは「馬での旅」の意味でした。その馬での旅 (road) で通る場所の「道路」の意味になったのは、ずっと後のことで中世に入った時代のことです。そして ready（準備のできた）とは、馬で荷物を運ぶ作業でその用意が整っている状態の意味でした。road も ready もゲルマン系で、中世に英語となりました。already は [al (= all) + ready] です。

　ride もゲルマン系です。本来は馬に乗る意味でした。horseback riding（乗馬）などと言い、horse は ride と結びつきます。array はラテン系で中世に英語となりました。これは [ar (= to) + ray (= ready)] で、やはり元は馬の準備を整えることであり、それを並べる意味になったのです。今日は何でも「並べること」の意味で用いますが、特に軍隊を配置する意味ではこの語がよく用いられます。

　印欧祖語 REIDH, REID との関わりで上の road, ready, ride,

array, already を何度も口ずさんでみてください。音と意味が馬と、運ぶことのイメージで結びつきます。

次にさらに馬に視点を向ける形で例を見てみましょう。

(17)　**KERS**[1]：跳びはねる馬のこと、流れること
　　horse, current
　　　cf. course（進路）、currency（通貨）、occur（心に浮かぶ・起こる）、recur（再び心に浮かぶ・再発する）、concourse（広い通路）、discourse（言説・談話）、intercourse（交際）、incursion（襲来）、excursion（旅行）、cursor（カーソル）など

〔解説〕
　この語群で cf. に列挙した語の例は他にいくつもあります。すべて horse（馬）の意味がルーツです。祖語の KERS は「跳びはねること」で「馬」のことでした。horse そのものはゲルマン系で先頭音が /h/ ですが、ここでの current など他のラテン系の語では /h/ が /k/ となりました。他にすでに見てきたとおりで、両者の子音交替は規則的です。音声学では /h/ は無声声門摩擦音、/k/ は無声軟口蓋破裂音（/g/ はこれの有声音）などと言いますが、いずれも喉の奥のほうから発せられる音で調音点は互いに近いです。したがって /h/, /k/, /g/ の音交替はきわめて頻繁に起こりました。

　occur は [oc (= to) + cur (= run)] ですが、他に接頭辞の re (= back), con (= with, together), dis (= away< a + way), in (= in), ex (= out) などとともに英語語彙の中にいくつも組み込まれています。すべて印欧祖語 KERS からの「流れるように跳びはねる馬」の意味が隠れています。

(18)　**KERS**[2] ⇒ **CHAR**：荷車のこと
　　cart, carriage, *charge*（電荷・充電・負担・責任・手数料）
　　　cf. chariot（馬で引く 2 輪戦車・馬で運ぶ）、car（車）、cargo（積

荷・貨物)、carry（運ぶ)、carpenter（大工)、career（経歴・キャリア) など

〔解説〕
　上の例（17）と広義では同系の語群ではありますが、少し視点を移しここでは KERS² としておきます。/k/ から /tʃ/ にもなった形で語がいくつもできました。*charge* はプラスα Basic 語です。chariot は古代の1人乗りの戦闘用に用いた馬車から来た語で、これは「聖なる神の乗り物」と考えられました。この語は中世期にフランス語から英語に入ったようです。carpenter は、元来は荷車を作る人のことでした。career は荷車の通る路(みち)のことでしたが、それが人生での路にも意味拡張しました。

(19) **TEN**：張った太鼓の皮、太鼓の連打音のこと
attention, tendency, thunder, thing, thin, (Thursday), *tent*（テント)、*continuous*（連続的な・つながった）
　cf. tense（緊張した)、extend（延長する)、pretend（ふりをする・言い張る)、intensive（集中的な)、attain（到達する)、obtain（獲得する)、contain（含む)、detain（拘禁する)、entertain（もてなす)、maintain（維持する)、attend（世話をする)、abstain（慎む・控える(つつし))、sustain（支える)、retain（保留する)、rein（馬の手綱・馬を手綱で制御する・抑制する)、tenant（テナント・占有者)、continue（つづける)、continent（大陸)、antenna（アンテナ)、tenor（テノール)、tune（調べ・整調する)、tone（音調)、intonation（イントネーション)、monotonous（単調な)、detonate（爆発させる・爆発する)、astonishment（驚き)、tornado（〔米国中西部などの〕大竜巻・トルネード） など

〔解説〕
　印欧祖語 TEN は多分に擬音からとも考えられますが元来は太鼓の音から、そして太鼓の皮の張り具合などから来たの

でしょう。Basic 語 thunder（雷）、そして un-Basic 語 tenor, tune, tone, intonation, monotonous にはまさに「音」の響きが聞こえますし、detonate の中にある ton には音そのものの響きとともに、張りつめた感じの意味も読み取れます。thunder は雷や雷の音ばかりでなく、大きな音も意味します。the thunder of hooves（蹄のとどろき）のようにも言います。

　thunder はゲルマン系、tenor はラテン系、tune は tone の変化形でギリシャ系、monotonous もギリシャ系、detonate, astonishment はラテン系です。そして astonishment の as- は ad- と同じで [as (= to) + ton + ish + ment] なのですが、この中に織り込まれた ton は実は「雷の鳴る音」から来ています。印欧祖語族もその後の民族も地震・雷・火事などは怖かったに違いありませんが、astonishment は雷から「驚き」の意味となりました。

　thunder は一方では印欧祖語 (S)TEN から来ていると推定されていますが、英語では先頭音が /θ/ と交替しました。これは実は Thursday（木曜日）とも同系語です。北欧の神話での Thor（トール）という雷神の名から来ていて、Thursday が「雷神 Thor の日」とされました。Thursday は暦上の語であり、巻末の Basic 語一覧にはなくても Basic English の範囲内の語です。括弧付けとしておきました。

　ここでの語群に共通するのは、張りつめた緊張感を包み込む音の響きとともに、それと一体化する意味です。単母音・二重母音・子音の交替があり、英語では /ten/, / tein/ (/rein/), /tin/, /tɔn/, /tjuːn/, /θʌn/, /θiŋ/ などとなりましたが、すべて「（太鼓の放つ音、その張りつめた皮のように）しっかり支え保持する」のように考えれば音と意味が一体化します。

　maintain は [main (= hand) + tain (= to keep)] で、「手で張りを保つこと」です。attend は attend to the baby（赤ん坊の面倒をみる）のようにしばしば空間詞 to を従えます。こうい

う to は日本人にとって少し分かりにくいところともなりますが、そもそも attend が接頭辞の a (= to) をもっていることから考えてみれば納得できるでしょう。to を従えない言い方に対して、「一時的」な意味ニュアンスとなります。

　Basic 語の thing は「モノ、持ち物」のことであり、この場合で言えば太鼓にもなりますが、太鼓は印欧祖語族にとって生活上での必需品だったでしょう。また、thin（薄い）も薄く皮を張りつめるような意味から分かります。なお、イタリック体の *tent* はプラスα Basic 語です。*continuous* もプラスα Basic 語で形容詞としての語です。張りつめていることが、土地の連続体としての大陸 (continent) の意味にまで拡張しました。最後の例の tornado はスペイン語を経由し、そのまま英語となりました。

　いずれにせよ、この語群に一括分類される英語の語彙は他にもいくつもあります。意味拡張の仕方をじっくり考えてみられたらどうでしょう。thin の反対の Basic 語は thick ですが、これを含む今日の英語の例を次に見てみます。

(20) **TEU / TEG**：膨(ふく)れて盛り上がっていること
　thick, thumb, throat, *thickness*（厚み）
　　cf. thigh（太もも）、tomb（墓・墳墓(ふんぼ)）、tumor（腫瘍(しゅよう)）、tumid（腫(は)れ上がった）、tumidity（ふくらみ・誇張）、thimble（裁縫用の指ぬき）など

〔解説〕
　印欧族は身体の親指、喉、脚などを膨(ふく)れた分厚い部位とみなしたことをうかがわせます。喉なども首の膨れた部分ですし、死者を葬る場所（墓）に土を盛ればそれは膨れます。thick（厚い）は Basic 語ですが、*thickness* はプラスα Basic 語です。

　un-Basic 語の tumidity は難しい語ですが、語形変化の推

移に慣れてくると意味も推測できるようになってきます。thimble は [thimb (= thumb) + le (= small)] と要素分解できます。**未知の語は、よりどころとする既知の語の原義から類推する**のです。

　なお、別の語源からで後(あと)でも扱いますが、Basic 語の finger（指）は un-Basic 語の fist（握りこぶし・げんこつ）とも関係があります。さらに数の five とも関連があり、両手の指の数が 10 本であることから数も 5 の倍の 10 (ten)、また 10 の 10 倍の 100 (hundred)、100 の 10 倍の 1,000 (thousand) など、指や握りこぶしから「膨れた 10、膨れた 100」のように考えられるようになりました。10 進法の誕生です。

(21)　**STəMEN / MENT**：張りがなく膨(ふく)れていること
stomach, mouth, mountain, amount
　　cf. tummy（おなか）、mount（馬などに乗る）など

〔解説〕
　意味は上の例（20）と似ています。ここでの印欧祖語、またその異形は推定の域ですが、基本的にはこういう語形と考えてよいでしょう。本第二部の最初にも言いましたが、すべて印欧語の厳密な語形を求めることがここでの目的ではありません。stomach（胃）も mouth（口）も緩(ゆる)んでいて、張りがなく膨(ふく)れていると感じられますし、mountain（山）も平地から見てまさに膨れたものという感じは分かるのではないでしょうか。amount（量）の膨れの感じは分かります。

　なお、un-Basic 語の tummy は小児語ですが、一般的でよく通じます。

(22)　**GHEND ⇒ GHED**：手でぐいと掴(つか)むこと
get, hand, surprise, price, prison, *praise*（賞賛）
　　cf. handle（取っ手・扱う）、handicap（不利・ハンディキャッ

プ)、handkerchief（ハンカチ）、forget（忘れる）、guess（推測する）、comprehend（理解する・把握する）、apprehend（捕らえる・逮捕する・懸念する）、reprehend（強く非難する）、prey（餌食）、prize（賞）、comprise（包含する・構成する）、enterprise（事業・企て・進取の気性）など

〔解説〕

この語群の語に関しては第一部で少し触れたところがあります。改めて各語をじっくり検討してみてください。Basic 語の surprise, price, prison も同じ印欧祖語から派生したのですが、不思議に思えるでしょうか。こういうところが語源の面白いところです。音の響きにも共通なものが感じられます。意味的に「不意に掴む」感じでした。

Basic 語の price の意味は広いです。「物価、相場、掛け金の歩合、懸賞金、賄賂」などの意味をもっています。物価など、モノの値は急に変動し驚き (surprise) ともなります。*praise* は韻文／聖書用語としてのプラス α Basic 語です。un-Basic 語の forget (< for + get) は for の視点から例 (10) ですでに見ましたが、ここでは get の角度から取り扱っています。なお、英語ではこの get の反義語は印欧祖語 GHABH から来た Basic 語 give と考えるとよいです〔巻末付録 1 の〔注〕⑤参照〕。un-Basic 語の gift（贈り物・天賦の才能）などは give と同系語です。gift は [gif (= give) + t] です。

(23) **STEBH ⇒ STEB**：足で踏みならすこと

step, stamp, stop

cf. stoop（前かがみになって歩く）、stampede（家畜が集団暴走する・殺到する）、stomp（踏みつける）、stump（切り株・演壇・遊説・[~ s] 重い足取り）、steep（〔坂道などが〕急傾斜の・険しい）など

〔解説〕

　すべて足でやや強く踏みつける感じのある語です。Basic 語の stamp を「郵便切手」の意味だけで狭く理解すると、手がイメージされるかもしれませんが原義は「足で踏みつけること」です。Basic English では stamp は名詞としての語ですが、これが動詞となる場合の意味を辞書で確認されるとよいです。基本的に足の意味が関わっています。

　un-Basic 語の stump は政治活動などで、木の切り株の上に足を載せ演説が行われたことからも意味拡張しました。stump speech などと言い、「遊説」の意味で今日もよく用いられます。ここでの語にもさまざまに母音の交替が見られます。各語を声に出し、唱えながら語感をつかむようにするとよいです。他の例も同様です。英語を聴く力を根っから植えつけることにもなります。

(24) **MAN**：手のこと

man, manager, *demand*（要求）

　cf. manner（方法・マナー）、manual（手引書）、manuscript（原稿）、manure（肥料・肥料を与える）、maneuver（作戦・策略）、manipulate（操作する）、command（命令する）、mandate（委任する・委任）、recommend（奨励する）、maintain（維持する）、remain（残っている）、manikin / mannequin（人体模型・マネキン）など

〔解説〕

　英語には印欧祖語 MAN から派生した語根をもつ語が多いです。見落とさないようにしましょう。man（人間）は何かと手を用いて事を成します。たとえば manure は、「手で作業する→ 耕す→ 肥料を与える」の意味となります。音として /mæn/, /mǽnju/, /mǽni/, /mənjú/, /mənú/, /mənúː/, /məní/, /mænd/, /mein/ などと脳に響き、聞こえてくる語は「手」と

関係のある意味だと理解できるようになればよいです。

プラス α Basic 語 *demand*, un-Basic 語 command など、まさに手が前面に出てくる感じです。manipulate は [mani (= hand) + pul (= full) + ate] です。maintain は例（19）でも見ましたが、この語群にも分類されます。remain もそうです。手がいろいろ意味拡張し、語がいくつも生まれました。

(25) **REI**：流れること
run, river, rhythm, (Rhine[the 〜])
cf. arrive（到着する）、derive（派生する）、rival（競争相手・ライバル）、diarrhea（下痢）、arrhythmia（不整脈）など

〔解説〕

黒海周辺には河川もいくつかあり、印欧祖語族にとって生活上で水には恵まれてはいました。祖語 REI「流れること」から、ラテン語系で river（河・川）という語が生まれました。同時にこの river はしばしば部族間での争いの場ともなり、rival(ライバル)という語も生み出すこととなりました。また、「流れること」からギリシャ語系の diarrhea [diar (= across) + rhea (= running)] という英語にもなりました。arrhythmia もギリシャ語系で [ar (= not) + rhythmia (= rhythm)] です。ドイツ・オランダを流れ北海に注ぐ the Rhine（ライン川）がこの語群に入るのも地理的・歴史的に興味深いです。

これまで 25 例を見てきました。語群中でイタリック体にしたプラス α Basic 語を除き、太字で示した本体の Basic 語のみを数えてみると、ちょうど 100 語ほどになります。そしてこの約 100 語とともに、ここで提示した語群の語すべてが元は 25 語の印欧祖語の語根からの派生であることが分かってきました。¼ の数に収束します。ここですべての Basic 語を扱うだけの紙面の余裕はありませ

んが、もしこの割合で印欧祖語の原義からは 850 Basic 語も ¼ 程度の数にまで集約されるとすれば、実は 200 語程度が基でそこから来ていることになります。果たしてどうなのでしょう。

もしそうであれば 850 語程度の語彙力では不足どころか、単にわずか 200 語程度の語〔それを最も基底となる基語 (base words) とここでは特別に言っておきます〕を知っていれば、多くの英語語彙の意味もその原義から類推できることにもなりそうです。広義には 850 Basic 語はすべて「基語」と考えてよいです。別な言い方をしますと、やはり **Basic English（ベーシック・イングリッシュ）に十分に習熟**すれば、すべての英文が 80 〜 90% 以上は理解できそうに思えてきます。入学試験を始め、各種の試験でも合格点レベルということになります。

関連して、ここで 1 つ次の点を付け加えておきます。上の例 (25) の印欧祖語 REI の語群で、un-Basic 語の動詞 arrive, derive を例として掲げました。これらはそれぞれ名詞形としては arrival, derivation と派生しますが、arrive at Tokyo（東京に到着する）、derive from Latin（ラテン語から派生する）、arrival at Tokyo（東京への到着）、derivation from Latin（ラテン語からの派生）のように at, from などの空間詞を従えた at Tokyo, from Latin などとなりますと、それらの句はすべて形容詞、または副詞に還元されるということを言っておきましょう。**空間詞は後ろに名詞（名詞相当語句）を従え、全体として叙述的な形容詞**、または状況補語的な**副詞に変化させる**ということです。

1 つだけ例文を出しておきますと、たとえば The Proto-Indo-European is a hypothetical language from which all Indo-European languages were derived.「印欧祖語はすべての印欧語がそれから派生した仮説的な言語である」であれば、from which ... derived. は形容詞の働きに化しています。一方、これは All Indo-European languages were derived from the hypothetical Proto-Indo-European language. と同じ意味で、こう考えれば from 以下は副詞となります。

いずれにせよ、空間詞は後ろの名詞・名詞相当語句を形容詞か副詞に変えてしまいますので、**空間詞の意味さえ押さえれば未知の動詞句などの意味も推測できる**ということです。英語の空間詞の使い方は難しいのですが、意味としてはすべて簡素です。空間詞は英語に 30 種ほどしかありません。この空間詞に比重を置いて意味を推理するのです。動詞 derive などや、名詞 derivation などよりもっと理解しやすい語はその後ろに来る空間詞 from（～に由来する）であり、その from から仮に derive, derivation の意味を知らなくても見当がつくということです。

また、そもそも derive は [de = off, away (< a + way) + rive (= river, running)]、derivation は [de + riv (= river, running) + ation] で、接頭辞の de が空間詞 off, away「離れること」の意味をもつことからだけでも、その元来の意味は推測できます。英語は特に前置詞や場合によって副詞となる空間詞に注目するのです。「空間詞」のことを 850 基礎語の範囲内で言えば space word でよいです。

もう 1 点、語彙とは別に、構文の面からあらかじめ言っておきましょう。上の 2 つの文は The Proto-Indo-European is ..., All Indo-European languages were ... と、それぞれ is, were という be 動詞となっています。こういう be「～である」を介した文に注目するとよいです。いろいろな事柄を A は A' である (A = A') の短文にして整理すると簡単になります。最初の文は関係代名詞 which で 2 つの文が結びつけられているのですが、関係代名詞や関係副詞などの関係詞にも特別に注目するのです。関係詞は事柄を文中でイコール（＝）の関係とする**換言の論理**と結びつきます。さらにこの場合、the Proto-Indo-European（印欧祖語）と all Indo-European languages（印欧諸語）がいわば**対比の論理**となっています。一連のこういった点も含めて、第三部で語彙力不足でも英語が理解できる方法をさらに確認します。

なお、ここでの un-Basic 語 hypothetical（仮説的な）はギリシャ系で、[hypo (= under) + thet(= to put) + ical] です。接頭辞 hypo は

印欧祖語 UPO から来ていて、「下にあること、下から上へ向くこと (under, up from under)」の意味です。

　これまで見てきた例を基に、下に試問の形式にして扱っておきますので確認されるとよいです。文字ではなく、元々は音が先にありました。**原音と原義の関係**となります。相当難しく思われるかもしれませんが、すべて上で見た例の順を追った確認のためのものです。早めにこの難しさを乗り越えれば、あとは楽になります。

　本第二部で 6 つの試問を提示しますが、すべて語群または場合により解説中で扱われたものです。何度も確認することで知識は定着します。巻末の付録と索引も活用してください。

試問　1　〔➡上例（1〜25）〕

1）次のそれぞれ a)〜m) の Basic 語と同源・同系の Basic 語は、下の①〜⑬のうちどれでしょう。

　　a) water　　b) able　　c) linen　　d) stocking
　　e) skirt　　f) train　　g) door　　h) tax
　　i) grain　　j) record　　k) road
　　l) stomach　m) surprise

　　　　　　　＊　　＊　　＊

　　① dry　　② forest　　③ great　　④ have
　　⑤ heart　　⑥ mouth　　⑦ prison　　⑧ ready
　　⑨ religion　⑩ ship　　⑪ stick
　　⑫ touch　　⑬ winter

2）次のそれぞれ a)〜q) の Basic 語と同源・同系の語は、下の①〜⑰のうちどれでしょう（②、⑥、⑦はプラスα Basic 語、⑭は Basic の範疇の語、標準体は un-Basic 語）。

　　a) water　　b) keep　　c) line　　d) stretch

e) **stick**	f) **screw**	g) **protest**	h) **touch**
i) **wind**	j) **heart**	k) **way**	l) **road**
m) **horse**	n) **thunder**	o) **thick**	
p) **manager**	q) **river**		

* * *

① belong　② *cattle*　③ contagious
④ courage　⑤ course　⑥ *demand*
⑦ *fan*　⑧ forth　⑨ ride
⑩ rival　⑪ scatter　⑫ steak
⑬ strict　⑭ Thursday　⑮ tomb
⑯ voyage　⑰ wade

＜正解＞は本第二部の末尾（170頁）

　以下、さらに見ていくこととします。これまでで趣旨は示したと考えますが、元の意味がどのように拡張されていくものなのか、その意味拡張のあり方にさらに注目していってください。音・文字から類推により意味を察知できる勘をつけるのです。
　なお、すでに言いましたが、プラスα Basic 語の分野別区分を省略し単に「プラスα Basic 語」とのみ記す場合も、本体の850 Basic 語とは明確に二分する意識で臨んでください。両者の境界線を明確にするのです。

(26) **PED**：足のこと
foot, *path*（小道）

cf. pedal（ペダル）、pedestrian（歩行者）、expedition（遠征・探検）、impede（阻止する）、pace（歩幅・ペース）、pedometer（歩数計・万歩計）、quadruped（四足獣）、centipede（ムカデ）、tripod（カメラの三脚）、peddle（行商する）など

〔解説〕

この語群の語は英語に多いです。ここでまたも /p/ と /f/ が同じ音素であることが分かります。quadruped は [quadru (= 4) + ped (= foot)] であり、centipede は [centi (= 100) + pede (< ped)] で文字どおり「百足（ムカデ）」ですし、tripod は [tri (= 3) + pod (< ped)] ということになります。peddle は中世期に商(あきな)いをする人が籠(かご)を持っていたので「籠」の意味から来たとする説もありますが、印欧祖語までさかのぼれば「足」が起源（？）と考えたくなります。

日頃から未知の英語に出くわしてもあきらめないで、じっくり推理するのです。ここでの例で言えば、またも /p/ ⇆ /f/ から相互に音・文字を交替させて未知の語の意味を推理・類推する手法もあるわけです。プラスα Basic 語 *path* は「踏むこと、歩くこと」を意味した印欧祖語 PENT からとも言われていますが、この語群でもあると考えてよいでしょう。

いずれにせよ、印欧祖語族にとって作業上からも手足は特別な身体の部位であったに違いありません。

(27) **DHE / FAK ⇒ FAC**：作り出すこと、成すこと
do, fact, effect, office, profit, face, *deficiency*（欠乏・不足）、*defect*（欠陥）、*difficulty*（障害・[~ies] 難局）、*efficiency*（効率）、*surface*（表面）、*factor*（要因・因子・仲介人・融資者）、*certificate*（証明書）

cf. deed（行為）、defeat（負かす）、affect（～に影響す

る)、perfect（完全な）、infect（感染する）、preface（序文）、facsimile（ファクシミリ）、fashion（ファッション）、faculty（能力）、affair（出来事）、deficit（不足・赤字）、deficient（不足の）、efficient（効率的な）、sufficient（十分な）、proficiency（熟達）、benefit（恩恵）、fetishism（物神崇拝・フェティシズム）、feature（特徴）、factory（工場）、liquefaction（液状化）、fake（偽り）、facilitate（簡便にする）、confectionary（菓子の）、prefecture（県・府）、magnificent（壮大な）、sacrifice（犠牲にする・犠牲・生けにえ）、counterfeit（模造・模造の）、forfeit（没収物・罰金）、feasible（実行可能な・できる）、simplify（単純化する）、verify（立証する）など

〔解説〕

　手足を用いてモノを作ること・コトを成すことからさまざまな概念語が生まれます。元来の印欧祖語は DHE が定説ですが、ここではかなりの距離が感じられる FAK も提示しておきました。この原義から派生した語も英語にきわめて多いです。子音変異とともに、いくつも母音交替も起こっています。こういう語群の語を何度も口ずさんでみるとよいです。音感と語感が身につきます。

　Basic 語の office は [of (= to) + fice (= to make, do)] で、「仕事をする（成す）場」です。profit（利益）は例（9）でも扱いましたし、第一部でも触れましたが、[pro (= before) + fit (= to make, do)] です。face は「作るもの」という考え方があります。make-up（メーキャップ・化粧）という言い方があることを思い起こすとよいです。また、make faces（しかめつらをする）という言い方もあります。

　deficiency, defect はそれぞれ [de (= off, away) + ficiency]、[de + fect] で「完全さから離れていること」、*difficulty* は [dif (= de) + ficult (= to make, do) + y] で「作り出すこと・成すことから離れていること」です。*efficiency* は [ef (= out) + ficiency (=

effect)]、*surface* は [sur (= over) + face (= to make, do)] ということです。すべてプラスα Basic 語です。また、*factor* はいろいろな意味に用いますが、やはりプラスα Basic 語です。*certificate* は [certi (= true) + ficate (= to make, do)] ですが、例 (14) では certi の観点から見ました。

　un-Basic 語の defeat は [de + feat] で「離し遠ざけること」、perfect は *defect* の反対で [per (= through) + fect] です。benefit は [bene (= good) + fit] で、Basic 語 profit との関連で第一部でも触れました。liquefaction は [lique (= liquid) + faction] です。sacrifice は [sacri (= *holy*) + fice] で、神がかったニュアンスをもちます。fice, fit, ficult, feat, fect などと変異もしていますが、同じ語根からの派生です。

　さらに、counterfeit, forfeit はそれぞれ [counter (= against) + feit], [for (= before) + feit] ということになります。feasible は少し難しい語ですが、[feas (= to make, do) + ible (= able)] です。また、simplify は [simpli (< simple) + fy (= to make, do)] ですし、verify はやはり第一部でも扱ったのですが [veri (<very = true) + fy] です。接尾辞の fy (〜化する) も FAK から来たのですが、一般に動詞は語尾を fy とすることで to make, do の意味に還元化されることを示す好例です。「為(な)せば成る」で、make も do も基本的に同じ意味です。一語のように make-do とすると動詞、形容詞、名詞として「やりくりする、間に合わせの、代用品」の意味となります。

(28)　**ME / MENS / MON**：思いをはせること
mind, memory, amusement, music, medical, middle, meal, measure, moon, month, (meter), (mile), (milligram), *mathematics*（数学）、*geometry*（幾何学）、*museum*（博物館）、*mean*（平均）、*medium*（媒体）

　　cf. muse（瞑想する）、remind（思い起こす）、remember（覚

えている)、reminiscent（思い出させる・追憶の）、mental（心の）、meditate（瞑想する）、mood（気分）、monument（記念碑）、meaning（意味）、means（手段）、mention（述べる）、admonish（叱る・警告する）、demonstrate（見せる）、monstrous（途方もない）、monster（怪物）、monitor（モニター）、immense（巨大な）、mill（製粉場・製材所・製粉する・動き回る・うろつく）、dimension（次元）、immediate（直々の・即時の）など

〔解説〕

人間は社会生活と心理生活を営んでいます。したがって用いる語も社会的に必要な語と、心理的に必要な語に大別されるとも言えるでしょう。ここでの語群の各語は心理的な含みのあるものです。すべての語が「何かを思うこと、じっと考えること、推し量る（測る・計る）こと」という心の中のあり方を意味しています。そのように思えないものがあるでしょうか。

Basic 語 amusement（喜び）、music（音楽）は、印欧祖語 ME がギリシャ時代の神話の女神 Muse（ミューズ神）とも重なり、原義は「楽器を奏でミューズ神を喜ばせ慰めること」です。これは un-Basic 語の muse とも関わります。Basic 語 medical（医術の）は、昔は病にかかれば基本的にひたすら神を思い、祈ることで癒したわけです。middle は「神と祈りの間をとりもつこと」のような意味から来ています。

meal（食事）は基本的に朝・昼・晩の決まった時間帯のものとしてセットされたものです。そうでない時間帯の、おやつなどをつまむ程度の食べ物のことではありません。これは「月日を測ること」とも結びつき measure や、moon, month の語を生みました。measure は、距離や重さを測る単位としての meter（メートル）、mile（マイル）、milligram（ミリグラム）などとも同系語です。これらの単位を測る語は、meal

や穀物を臼でひいて粉にする「製粉場」を意味する un-Basic 語 mill からも来ている生活に密着した同系語です。昔は穀物を製粉する風車や水車は収穫・豊穣（ほうじょう）の象徴でした。meter, mile, milligram などは 850 Basic 語の語表には掲載されていませんが、Basic English の範疇（ちゅう）の語です。ここでは括弧付けとしておきました。

そもそも、「考えること」と「測ること」は同じ意味だということです。イタリック体のプラスα Basic 語 *mathematics* は考え (mind)・測定 (measure) する学問で、まさに一種の mind science（考える学問・科学）でしょう〔Basic English も mind science だと私には思えますし、同時に詰め将棋のような mind *sport*（頭脳的娯楽・楽しみ）のようなものにも感じます〕。*geometry* は [geo (= earth) + metry (= measure)] で、元来は土地について考え測量する学問ということです。*museum* [Muse + um (= place)] は芸術作品を介してミューズ神に思いをはせる場所ということです。*mean* は名詞の「平均」の意味で科学等用語でありプラスα Basic 語です。*medium* も同様に科学等用語としてのプラスα Basic 語です。

un-Basic 語の demonstrate は「見せて、考えさせる」を意味しますが、これとの絡（から）みで、「怪物」の monster も理解されるでしょう。この monster は「聖なる前兆（警告）」が原義で、神がかった意味を含んでいます。immense は [im (= not) + mense (= measure)] であり、「計り知れないほど巨大な存在である」を意味します。dimension は [di (= across) + mension (= measure)] で、物事を考えたり行ったりするときの測定基準です。

immediate は [im (= not) + mediate] で「考える間（ま）・仲介物がないこと」、すなわちこれも「仲介なしで直接に神の声を聴く」という意味が背景にあります。印欧祖語族の心理生活上での心の中の思いを言い表す祖語 ME、またその異形

MENS, MON に由来するこの語群の各語は味わいがあります。

(29) **PELə**[1]：平らであること、平らにすること

place, plate, plane, plant, please, pleasure, flat, field, floor, feeling, *explanation*（説明）、*plain*（平原・平野）、*plan*（平面図・計画）、*piano*（ピアノ）

　cf. planet（惑星）、plastic（プラスチック・塑造の）、plaza（広場）、platter（大皿）、plateau（高原・台地）、plot（平面図・構想）、transplant（移植する）、explain（説明する）、palm（手のひら）、flake（薄片・フレーク）、flatter（お世辞を言う）、folk(s)（人々・皆さん・家族）など

〔解説〕

　母音 /e/ の転移や、子音 /p/ → /f/ が見られます。Basic 語の plane は「平面」の意味で、これが「飛行機」の意味にまでなりましたが、飛行機は空中を平面にして飛びます。plant が「植物」や「工場」の意味になったのは平地に植物を植えたり、工場を建てるという考え方に由来します。please は、丁寧用法としては <may it please you>「それがあなたを、すんなり喜ばせますように」のような意味です。

　feeling は元来が「手で触り感ずること」の意味です。これが un-Basic 語の「手のひら」を意味する palm とも結びつきます。*explanation* はプラスα Basic 語で [ex (= out) + plan (= flat) + ation] であり、「説明すること」は「平たく言うこと」です。接頭辞は、しばしば強意のニュアンスともなりますが、この場合の ex もそう考えてよいです。*plain, plan, piano* もプラスα Basic 語で、*piano* は音楽での「フラット（変音）」と関係しますが、これに関しては後でもう一度触れるところがあります。

　plastic は型にはめて平らにするような意味があります。

flatter や folk(s) にも「手」が感じられます。flatter は手のひらを用いて優しくなでる感じですし、手で合図する間柄が folk(s) です。手の重要性に関してはすでに触れました。

(30) **PELə** [2]：満たすこと
complete, full, (plus), *supply*（供給資源・在庫品・供給）
cf. plenty（沢山）、plural（複数・複数の）、plenary（十分な・全体の・全体会議）、supplement（補給・補足・追加料金・付加支給品・補う）、surplus（余剰）、replenish（〔燃料、活力などを〕補給する）、accomplish（成し遂げる）、fill（満たす）など

〔解説〕
印欧祖語 PELə は 1 つだけでなく複数の系統がありますので上の (29) のものと区別しておきます。plus（プラス）は記号化もされる語で 850 Basic 語一覧表には掲載されていませんが、Basic English の範疇です。ここでは括弧付けとしておきました。*supply* は [sup (= sub = under) + ply (= full)] で、これは一般科学・ビジネス・経済学の 3 分野にまたがるプラス α Basic 語です。巻末の付録 2 の D) で確認されるとよいです。surplus は [sur < super (= over) + plus (= more, full)] です。

ここでも祖語から母音 /e/ の転移とともに、子音の /p/ と /f/ の交替（/p/ → /f/）が見られます。/p/ と /f/ は同じ音素だということです。前に触れたところがありますが /p/ はラテン系で、/f/ はゲルマン系です。派生音化は 少しずつ慣れていってください。慣れると抵抗は不思議にもなくなってきて、単なる互換性として察知できるようになります。

(31) **AR**：つながり、結びつけられていること
arm, army, art, harmony, earth, order, (Aryan), (Iran), *arithmetic*（算術・算数）
cf. alarm（警報）、article（記事）、harm（害）、hurt（傷つ

ける)、arthritis（関節炎）、ordinance（条例）、Aryanize（アーリア人化する・ユダヤ人を追放する）など

〔解説〕

　arm（腕）は身体につながっている部位ですし、army（軍隊）、art（芸術）、harmony（調和）、earth（土・地球）、order（順序・秩序・命令・注文）なども同じです。すべてつながり、結びつけられ、調和のあるもののことです。arm に s が付き arms となれば、腕につながった延長線上の「武器」の意味となります。earth（地球）も、つながりのある調和を保ったもので、しばしば地球博覧会などの標語にもこういう連帯感や調和感を暗示する一連の語が用いられたりもします。

　イタリック体で示した *arithmetic* はプラス α Basic 語ですが、[arith (= join) + metic (= measure)] で「算術、算数」は数のつながりを考え、結びつける方法と言えます。これは先の例（28）の「思いをはせること」の意味での *mathematics*（数学）とも関連します。「つながりを論理的に結びつける方法を考える科学」が数学でしょう。実は Basic English もきわめて算数的・数学的であると私は思います。算数をはじめ数学が一般に理系の科学だと言われますが、事柄を論理的に考え推論するという点で、少なくともある一定のレベルまでは文系の科目・科学の感じもしますがどうなのでしょう。

　alarm は [al (= all) + arm (= arms)] で 'To arms !'「武器を取れ！」が元の意味でした。article は [art (= join) + icle (= small bit)] で、つながるものが「記事」や「書き物」です。また、harm, hurt は腕の arm ともやはり関係のある語で本来は腕の傷、武器による傷・傷害のこととなります。手とともに腕は人体の重要な部位ということになります。

　arthritis は難しい語ですが、これも病に関する文脈で [arthr (= join) + itis (= burning pain)] と分解することで、文字どおり「関節の焼けるような痛み」ということから「関節炎」の

意味であると見当がつきます。この本では接頭辞・語根・接尾辞の意味はすべて Basic 語で提示していますが、join「つなぐこと」も、もちろん Basic 語です。itis (= burning pain) は「炎症」を意味する接尾辞で頻出します。

なお、人名・地名・国名などの固有名詞は当然 Basic English の範疇ですが、括弧付けにした Aryan（アーリア人）、Iran（イラン）もこの語群に入ります。第一部で少し触れたのですが（10 頁）、Aryan が「高貴な人」の意味をもっていて、ナチス・ドイツ〔国家社会主義ドイツ労働者党：(英) Nazis、(独) (<Nationalsozialistische Deutsche Arbeiterpartei)〕の独裁者ヒトラー (A.Hitler) の人種的差別・偏見も、ドイツ系民族の人種的ルーツとして、古くは中央アジアに住み後にイラン・インドに安住したアーリア人の直系が、人種的に優れているという考え方から来ていることと結びつきます。例の最後に示した Aryanize という言い方もあります。民族的には実はアーリア人が印欧祖語族の総称でもあります。

(32) **REG**：支配の及ぶこと

rule, regular, direction, right, rail, *address*（宛先）、*royal*（王家の人）、*rigidity*（硬性）

　cf. royalty（王位・王権・[-ies] 印税）、realm（王国・国土・領域）、correct（正しい）、rigid（堅い・厳格な）、regal（威厳のある）、region（地域・地方）、reign（支配・統治）、erection（直立・建立）、rectify（改正する）、escort（護衛・護衛する）など

〔解説〕

　すべての語に共通する意味をじっくり考えてみてください。Basic 語の right は「正しいこと、真っすぐなこと、権利のあること、右側であること」の意味ですが、「右側」の意味になることが分かりにくいでしょうか。右は正式な側とい

う考え方から来ています。なぜ右側が正式かは、労働をするときなど人体の左側の心臓への負担を少なくするため右側の手・腕・足を使い、それが本来の正しい方法だと考えられるようになったという説があります。

スポーツでの陸上競技のトラックも必ず左回りになっていて、心臓に負担のかからないよう遠心力を用いて走るようになっています。英語で a right-hand man は「頼りになる人、役立つ人」の意味ですが、right は何かと「正しい」とか、「しかるべき」という意味で用いられるようになりました。rail は真っすぐに伸び、曲がっていないものです。

印欧祖語 REG は後(のち)にはプラスα Basic 語の *address* ともなりました。さらにやはりプラスα Basic 語の *royal* や、un-Basic 語の royalty のような王室に関わる意味の語にまで派生しました。ラテン語系です。*rigidity* は科学等用語としてのプラスα Basic 語です。un-Basic 語の escort には correct の音の響きも聞こえる感じがします。音感と語感を培(つちか)い、鍛えていくなかで意味も類推することができるようになるはずです。ここでの語群の語はすべて「支配すること」の意味に収束します。語の本質的な意味を把握すると、その語の使い方も本当の意味で身についてきます。

(33) **PER**：通り抜けること

experience, expert, person, fear, *experiment*（実験）、*sport*（気晴らし・スポーツ）、*perfume*（香水）、*empire*（帝国）、*imperial*（皇帝）

　cf. permit（許す）、pardon（許す）、peril（危険）、perish（消滅する）、perspective（遠近法）、perplex（当惑する）、persecute（迫害する）、perseverance（根気強さ・忍耐力）、permeate（浸透する）、expertise（専門的知識）など

〔解説〕

先の例（9）とも根元ではつながってはいますが、多くの

英語がこの印欧祖語 PER を起源としています。person は、元はギリシャ語系で [per (= through) + son (= sound)] から来ています。人は仮面をかぶったような存在で、仮面から音・声を出すという考え方です。fear（恐怖）の語頭子音 /f/ は、またも /p/ からの派生（/p/ → /f/）です。恐怖は「通り抜けること、突き抜けること (through)」の意味をもっています。

「通り抜けること」は experience（経験）の意味にもつながりますし、さらに「試してみること、やってみること」でもあり *experiment, sport* という語も生まれました。両者とも Basic English におけるプラスα語です。また「香水」を意味する *perfume* [per (= through) + fume (= smoke)] というプラスα Basic 語にもなりました。*empire, imperial* のような「帝国」や「皇帝」を意味する語もできました。これは全領土に及ぶ権威のような意味を包み込んでいます。やはりプラスα Basic 語です。

un-Basic 語の permit は [per (= through) + mit (= to send)]、pardon は [par (< per) + don (= to give)]、perish は [per + ish (= to go)] です。perspective, perplex, persecute はそれぞれ [per + spective (= to see)], [per + plex (= fold, twist)], [per + secute (= to go after)] です。perseverance は [per + sever(e) (= hard, cruel, serious) + ance] から、そしてさらにこれは [per + se (= off, away) + verance (= true)] ということで、「現実離れし、徹底的であること」のように考えればよいでしょう。

(34) **DERU / DREU** ⇒ **TRE**：木（樫の木）のこと、信頼すること

tree, tray, true

 cf. trunk（木の幹）、trust（信頼）、troth（忠実）、truth（真実）、truce（休戦・停戦）など

〔解説〕

印欧祖語の初頭子音が有声の /d/ → 無声の /t/ となり英語に組み込まれたこの語群に共通する原義は、「木のこと」です。これが特に「樫(かし)の木のように堅く信ずること」の意味にまで拡張しました。

tray（お盆）はもちろん元は金属製ではなく木製であったわけで、木のなかでも特に堅く、木目が細かく、ドングリの実のなるいわゆるオーク (oak) の木は美感にも訴え重用されたはずです。建築材にも適しています。何かと役立ち、「信頼できるもの」だったわけです。この「木」が意味拡張し truce という語も生まれましたが、「休戦・停戦」は堅い信頼関係で成り立つものでしょう。この語群の語で母音交替も顕著です。

(35) **BHEU ⇒ BEU**：家のこと、身近に感じること
be, (become), building, because, *neighbo(u)r*（隣人）
　cf. bower（あずまや）、boor（農民・粗野な田舎者）、beside（片側に）、behold（注意する・見る）、befall（身にふりかかる）、betroth（婚約する）、behead（首を切り取る）、befog（霧につつむ・当惑させる）、becloud（雲らせる）など

〔解説〕
　英語のいわゆる be 動詞は、印欧祖語 BHEU からすれば元来は「家」のことと関連する意味でした。何か「身近に感じる」というニュアンスがあります。be は by（側(そば)・近く）とも根元ではつながっています。英語に behold など be の付く動詞は多いのですが、いずれも to become < to come to be「なる」とか、to do, make「する」のような意味となります。become は Basic English における合成語 (be + come) ですのでここでは括弧を付けておきました。

　neighbo(u)r はプラス α Basic 語ですが、bo(u)r の部分に印欧祖語の痕跡を残す boor という語にもなりました。

neighbo(u)r は [neigh (= near) + bo(u)r (= being a farmer)] で、近くにいる住人でも特に農民のことでした。betroth は [be + troth (= true)] で婚約には真実を誓うことの含みがあります。be と似た例を次に見てみましょう。

(36)　**ES / EST**：存在すること
　　　present, representative, interest, yes
　　　　cf. absent（不在の）、essence（本質）、yet（なお・依然として）など
　　　〔解説〕
　　　　すべて何かが「存在すること (being)」の意味の語です。yes もこの語群に入ります。これは 'may it be so'「そうあれ」ということです。Basic 語 present [pre (= before) + sent (<(e)s + ent) = to be] の反義語が un-Basic 語 absent ですが、これも Basic 語で考えれば [ab = away (< a + way) + sent (= to be)] で、'away from being'「存在することから離れている」です。

(37)　**SEU**：すするように吸い込むこと
　　　soup, *absorption*（吸収）、*adsorption*（吸着）、*sucker*（吸枝・吸根）
　　　　cf. sip（すする）、sob（すすり泣く）、soak（吸い取る・つかる）、absorb（吸い込む）、suck（吸う）、sup（夕食をとる）、supper（夕食）、sick（吐き気のするような気分の・病んでいる）、sop（浸す）など
　　　〔解説〕
　　　　soup（スープ）は「すするもの」であることがこの語群からも分かります。/suː/, /si/, /sɔ/, /sou/, /sɔə/, /sʌ/ などと響く音をもっている語群です。この音がしばしば「すするように吸い込むこと」の意味と結びつき、それが脳で感じられるようになればよいわけで、音感と語感とはそういうことです。
　　　　イタリック体の *absorption, adsorption, sucker* は科学等用語

としてのプラスα Basic 語です。またも巻末の付録 2 を確認してみてください。*absorption* は [ab (= off, away) + sorp (= to take in) + ion]、*adsorption* は [ad (= to) + sorp (= to take in) + ion] と考えればよいです。

un-Basic 語の supper は本来の「すすること」の意味からも dinner（ディナー）とは違い、やや軽い夕食のニュアンスをもっています。dinner は [di (= not) + (n) ner (= to go without food)] で、breakfast と同じように、「断食をやめること、破ること」の意味も背景にもっていて、決まった時間帯の食事 (meal) の感じです。meal に関しては例 (28) で扱いました。また、sick の吐き気のするような気持ちの悪さを感ずる病も、ここでの「吸い込むこと」の意味として分かるのではないでしょうか。

(38) **BEID ⇒ BITE**：噛(か)んで引き裂くこと
bite, bit, bitter, boat
　　cf. bait（餌(えさ)）、beetle（カブトムシ）、pizza（ピザ）など

〔解説〕
　bit（小片）は噛(か)み切った部分です。bitter（苦(にが)い）は舐(な)めてみて知るより、噛んでみて実感するのではないでしょうか。bitter には「辛辣(しんらつ)な」の意味もあります。ついでながら、bitter の反義語でやはり Basic 語の sweet は印欧祖語 SWAD から来ていて、un-Basic 語の persuade（説得する）、persuasive（口先のうまい）、suave（まろやかな・口あたりのよい）などの英語となりました。

　bitter と sweet を 1 語のようにして bitter-sweet（苦くて甘い・ほろ苦い）という言い方も英語にあります。a bitter-sweet memory（楽しくてつらい思い出）などと言います。こういう互いに矛盾するような語法は他にも open secret（公然の秘密）、living death（生き地獄）、small-great（小さくて巨大な）

などがあります。英語言語学では撞着語法（どうちゃく）(oxymoron) と言います。oxymoron は [oxy (= sharp) + moron (= foolish)] です。

　水上を走るboat(ボート)は水を噛むように見えます。また、「カブトムシ」の beetle は、もともと「噛む虫」のことです。Basic 語 bite, bit, bitter と un-Basic 語 beetle の音には絶妙に似て聞こえる気がしませんか。同系語です。pizza は分かりにくいでしょうか。有声子音の /b/ が無声子音の /p/ と交替したことで考えてみてください。ピザは原義からは「噛む食べ物」ということになります。ラテン系の語です。

　各語の音と意味を結びつけ、その根源的な意味 (root sense) を味わっておくのです。一見、無味乾燥に思える単語の真の意味が分かるようになると英語が実感できてきます。

(39)　**SEKW**[1] ⇒ **SEC**：後（あと）を追い求めること

design, sign, see, second, society, *sight*（品目一覧）

　cf. seek（追い求める）、associate（連想する）、association（連想・連合・組合・団体）、soccer（サッカー）、sequence（連続）、consequence（結果・帰結・重要性）、suitable（適当な・よく合う）、sue（告訴する）、prosecute（起訴する）、persecute（迫害する）、execute（執行する・処刑する）、electrocute（感電死させる）、pursue（追求する）など

〔解説〕

　Basic 語の second は前のものにつづくという感じがあります。すべてここでの語群の語はそういう「後（あと）を追い求めていくこと」の意味をもっています。これが語感です。society（社会）にも、何か連帯してつながっていくものが感じられませんか。society は「仲間のこと」であり、「協会、会、クラブ」の意味ともなりました。「サッカー」の soccer は association football とも言いますが、association という語の中に soc があります。association football の変形短縮語として [socc (<

society) + er] から、soccer という語が生まれました。

　長い間の歴史上の変遷でいくつも母音交替が起こっていますが、慣れてくると抵抗はなくなってきます。なお、イタリック体の *sight* はプラス α Basic 語で、「品目の一覧・一覧表」の意味としてビジネス関係の文脈でよく用いられます。

　un-Basic 語 persecute は per (= through) の視点から例（33）で見ました。pursue は [pur (= before) + sue (= to go after)] です。

(40)　**SEKW** ² ：口にすること

say

　cf. scold（叱る）、saw（格言・ことわざ）、saga（英雄物語・サガ・経験談・苦労話）など

〔解説〕

　上の例（39）と根底ではつながっているという説に従って、ここでは印欧祖語を SEKW ² としておきます。SEKW¹ として Basic 語の see の例を出しましたが、see と say は系列が同じだとされています。この SEKW ² での un-Basic 語の saw には、It is an old saw.「それは古いことわざである」のような言い方もありますので、例として「ことわざ」の意味の saw を出しておきました。saga もこの系列語です。

(41)　**OIN ⇒ UN**：数が１つのこと

a(an), (one), (another), only, unit, any, solid, *university*（大学）

　cf. universe（宇宙）、alone（一人で）、lonely（さびしい）、solder（はんだ付けする・はんだ）、solidarity（団結）など

〔解説〕

　これは分かりやすいでしょう。another は an + other の合成語で、もちろん Basic English の範疇の語です。ここでは括弧付けとしておきました。solid（堅い・固まった）は「１つになっていること」です。un-Basic 語の alone は [al (= all)

+ one] から来ています。lonely は語頭の a の消失です。数の one, two, three などは 850 Basic 語表には入れられていませんが、これらも Basic English の範疇の語です〔上の語群では one を括弧付けにしておきましたが、こういう語も含めてのことからも Basic English は 850 プラス α 語 (850-plus words) の体系ということになります〕。数の eleven「11」の語頭の音は /ə/ (= one) で [e (= one) + leven (= what is over / the rest)] であり、指の数 10 本に 1 つ余りという考え方から来ました。

なお、*university* はプラス α Basic 語で、第一部でも見ました。universe [uni (= one) + verse)] も verse の視点から第一部で触れました。

(42) **DWO**：数が 2 つのこと

doubt, (two), between, twist, balance, *combination*（結合）、*combine*（企業合同）、*twin*（双晶・対・双生児）

cf. dubious（疑わしい）、double（二重）、duplicate（複製）、duet（デュエット・二重奏）、diphthong（二重母音）、twig（小枝）、twine（からみ合わせる）、twain（一対）、twice（2 回）、twilight（たそがれ）、biscuit（ビスケット）など

〔解説〕

/d/, /t/, /b/ の子音変異は一般的です。同じ音素だということです。doubt（疑い）の背景には真と偽の 2 つがあります。balance は [ba (= two) + lance (= plate)] で、「2 つの皿」が原義で「バランス」の意味となりました。*combination, combine, twin* は科学等用語としてのプラス α Basic 語です。un-Basic 語の diphthong は [di (= two) + phthong (= sound)] でギリシャ系の語です。

twain に関して触れておきますが、19 世紀〜20 世紀初頭の米国の作家マーク＝トウェーン (Mark Twain) はミシシッピ川の河畔で少年時代を送り、水先案内人や新聞記者をし

ていました。彼の筆名はミシシッピ川の水夫の言葉の 'mark twain'「川の深さの2尋(ひろ)をマークする」の意味から来ています。1尋は約1.5~1.8メートルです。

　プラスα Basic 語で名詞の *combine* は [com (= with, together) + bine (= two)] で、2つを合わせるという意味から来ています。biscuit は [bis (= two) + cuit (= to do the cooking)]、すなわち裏と表の2度焼いたパンのことです。

　なお、数の twelve「12」も [twe (= two) + lve (= what is over / the rest)] で、10を数えて2残るという考え方からです。また、twenty（20）は [twen (= two) + ty (= ten-fold)] で、2の10倍 (2 × 10) という見方になります。英語では 30, 40, 50, ... 90 もそれぞれ thirty, forty, fifty, ... ninety と接尾辞は ty（10倍）となりました。

(43) **TREI ⇒ TRI：数が3つのこと**

(three), distribution, protest, *tribe*（部族）、*testament*（証言）

　cf. tribal（部族の）、contribute（貢献する）、tribunal（法廷・裁判所）、contest（抗争・競争・コンテスト）、testify（証言する）、trial（試し・裁判）、try（試す）、thrice（3回）、triumph（勝利）、trumpet（らっぱ・トランペット）、trump（勝ち札・切り札）、trinity（三位(さんみ)一体）、trivial（つまらない）、troika（トロイカ・3頭制・3人組）など

〔解説〕

　印欧祖語族にとって「3」という数は特別な意味をもっていたのでしょう。古代ローマには有力な3部族がいて、このあたりの事情とも関係していくつも造語されました。Basic 語 distribution（分配）は [dis (= off, away) + tribute (= to give)] ですが、語根 tribute の中に数の「3」があります。*tribe* の支配者への貢物と考えればよいでしょう。*tribe* は韻文／聖書用語としてのプラスα Basic 語です。

Basic 語 protest（抗議）は例（9）では pro の観点から見ましたが、[pro (= before) + test (= to make a statement)] で、語根の test に TREI の音と「3」の意味があります。抗議は一般的に態度・口頭・文書の3つでなされるものと考えると分かりやすいです。*testament* も韻文／聖書用語としてのプラス α Basic 語ですが、ここにも test があります。キリスト教的な神との契約・聖書・遺言のような3つが考えられます。中世期に英語となったラテン系の語です。

　un-Basic の trinity はもっと分かりやすいです。神・キリスト・聖霊の3つの位格を同一とみる、いわゆる三位一体です。triumph には争いでの3部族の勝利の意味があり、また trumpet [trump (= music instrument) + et (= small)] には、めでたい祭り事で楽器を奏でる3拍子の合図の音も響いてくる感じがします。なお、裁判・抗争なども3部族の支配者により試みられたことが、tribunal, trial, try, contest などの語が暗示しています。

　trivial は [tri (= three) + vial (< via = way)] で、分かりにくく迷う三叉路をイメージすればよいでしょう〔via の「道」は例（15）参照〕。ラテン系の語で、中世の大学では7つの教養科目のうちの3科目（文法、論理学、修辞学）に関することを意味しました。当時、この3科目は一方で「つまらない」とも考えられたのでしょうか。他の4科目は算術、幾何学、天文学、音楽でしたが、quadrivial [quadri (= four) + vial] と言い「四叉路の」の意味です。troika はスラブ系の語です。

(44) **WERG / WERS ⇒ WER ⇒ VER：ねじ曲げること**
　　worm, work, word, wire, war, wrong, writing, forward, reward, (worse / worst) , advertisement, verse, *reversible*（可逆性の）、*worship*（礼拝・崇拝）
　　cf. worry（心配する）、wrist（手首）、wring（ねじる）、

wrestling（レスリング）、writhe（もがく）、wrench（レンチ・スパナ）、wrap（包む）、wrinkle（しわ）、worth（価値）、award（賞・審査）、warrant（認可証）、ward（監視・監督・保護・行政区・病棟）、toward（〜の方向へ）、warn（警告する）、aware（意識した・警戒した）、beware（警戒する）、wreck（難破）、wrath（怒り）、reverse（反転する）、verb（動詞）、adverb（副詞）、verbal（言葉の・口頭の）、proverb（ことわざ）、diversity（多様性）、convert（転換する）、conversation（談話・会話）、controversy（論争）、vertical（垂直の）、version（解釈・改作・〜版）、universe（宇宙）、anniversary（記念日）、pervert（変態）、introvert（内向的な）、extrovert（外向的な）、regard（見なす・注視する）、guerrilla（ゲリラ）、energy（エネルギー・活力）など

〔解説〕

　この語群に分類される同系語も英語にきわめて多いです。Basic 語の例は第一部でも少し見たのですが、さらにいくつか例を提示し確認します。一般的な規則として印欧祖語やゲルマン語系の /w/ の音がラテン語系では /v/、さらには /g/ ともなりましたし、また、ギリシャ語系では /w/ が消失しました（/w/ → /v/, /g/, φ）。

　それぞれの語の音と意味をじっくり結びつけてみてください。すべて何かを「ねじ曲げること」の意味をもっています。その何かとは目に見えるものばかりではもちろんありません。心理的なものもあります。worse, worst は bad からの変化形ですので 850 Basic 語の語表には掲載されてはいませんが、Basic English の範囲内の語となります。ここでは括弧付けとしておきます。なお、forward は先に例（9）で for の観点から見ました。

　verb は「言葉、語」の意味ですし、adverb は [ad (= addition) + verb (= word)] ということで、何をねじ曲げるか

は例（3）でも見た、言葉そのものさえ意味する舌 (tongue) ということになるでしょう。vertical は水平面に直角 (90 度) のねじ曲げです。universe は例（41）でも見ましたが、さらに視点を変えればこの分類にも入ります。

半母音 /w/ が /g/ となったラテン系の語 guerrilla [guerr (= war) + illa (= small)] はスペイン語からで、初出は 19 世紀のようで比較的新しい英語と言えます。また、/w/ の消失したギリシャ語系の energy は [en (= in) + ergy (= work)] です。プラス α Basic 語の *reversible* は形容詞としての語です。*worship* は韻文／聖書用語としてのプラス α Basic 語です。

なお、Basic 語の writing（書くこと）もこの語群に分類されますが、一方で「書くこと、描くこと」は印欧祖語 SKRIBH ⇒ SCRIB からも来ていて scribble（走り書きする）、description（描写）、inscription（碑文）、Scripture（聖書）、conscription（徴兵）などいくつも英語となっています。conscription は [con (= with, together) + scrip(t) (= writing) + tion] で、「共に書くこと、共に登録すること」から来ています。

次に「ねじ曲げること」と似た例を見てみましょう。

(45) **TERə ⇒ TER**：かき回し、回転させること
turn, trouble, thread, *contour*（輪郭・輪郭線）、*storm*（嵐）

cf. disturb（かき乱す）、turban（ターバン）、tulip（チューリップ）、turbine（タービン）、torch（たいまつ）、tour（ツアー）、detour（迂回する）、tournament（トーナメント）、attorney（弁護士・代理人）、trophy（戦利品・トロフィー）、tower（タワー）、torment（苦悩・激痛・ひどく苦しめる）、distort（ねじ曲げる）、extortion（ゆすり・強要）、torture（拷問する・苦しめる）、torrent（急流・激流）、tropic（回帰線）、tropical（熱帯の）、stir（かき回す）、drill（ドリル・訓練）、thresh（脱穀・脱穀する）、throw（投げ回す・投げる）など

〔解説〕

　印欧祖語では母音 /ə/ は一般的な音でした。すべて何かを「回転させること」の意味をもつ語群で、初頭子音に /t/, /st/, /d/, /θ/ の変異が見られます。turban もこの語群に入るでしょう。この turban からは、その形が似ているので花の tulip（チューリップ）ともなりました。attorney は [at (= to) + tor (= turn) + ney (= person)] で、他人に代わって権限を回された人のような意味ですし、tropic, tropical は夏・冬の至点で太陽が回るという見方を背景にしています。

　contour は科学等用語、*storm* は韻文／聖書用語としてのプラス α Basic 語です。*storm* と stir は母音交替もありますが意味は分かりやすいでしょう。

　初頭子音が /d/ ともなった drill もこの語群に入ります。/θ/ となった thresh, throw にはその動作に、同じ投げ回すイメージがあります。throw は 'throw a party'「パーティーを催す」という言い方も英語にありますが、throw のもつ意味の一端が分かる表現です。パーティーでしばしば、はめをはずし、ずっこけ、転がるようなニュアンスが感じられます。

(46) **DEIK**：指で示すこと、口で伝えること

condition, teaching, toe, finger, fiction, adjustment, judge, (five), *index*（指数・目録・索引）

　cf. digit（手足の指・数字の桁）、indicate（指し示す）、dictate（口述する・指示する）、dedicate（献身する・捧げる）、dictionary（辞書）、predicate（断言する・述語）、contradict（矛盾する）、predict（予言する）、indict（起訴する）、indictment（起訴）、verdict（評決・答申）、edict（布告・命令）、deictic（指示的な）、deixis（直示・ダイクシス）、ditto（同上・前述どおり）、token（しるし・形見・証拠品・記念品・商品券）、tutor（チューター・個人教師）、fist（げんこつ・握りこぶし）、feign（よ

そおう・見せかける)、feint（見せかけ・フェイント）、figure（形・数字・比喩で言い表す・思う）、figurative（比喩の）、just（公正な）、justice（正義）、jury（陪審・陪審員団）、perjury（偽証）、prejudice（偏見）、judicial（裁判の）など

〔解説〕

　teaching の原義は「指し示すこと」です。toe（足指）と finger（手指）がこの系列になる語と考えにくいでしょうか。根元ではつながっています。un-Basic 語の digit が「手足の指」の意味であることからも分かります。手と足の指がモノを指し示す意味で用いられました。*index* はプラスα Basic 語です。*index* finger は「人差し指」です。

　Basic 語 finger は先に例（20）の解説中でも少し触れたのですが、un-Basic 語の「握りこぶし」を意味する fist とともに、数の five「5」とも同系で、単数形 finger の元の意味が「5のうちの1 (one of the five)」でした。toe, finger, five はゲルマン語系ですが、digit はラテン語系です。初頭子音が変異しています。Basic 語 fiction（フィクション・虚構）は例（27）とも関係はしますが、un-Basic 語 feign, feint, figure とともに考えれば理解できるでしょう。figure も、ある種の虚構です。

　adjustment, judge などは特に ju の観点から第一部でも引き合いに出しましたが、judge は [ju (= right) + dge (= to say)] ということです。これを基に類推すれば un-Basic 語の just, justice, jury, perjury, prejudice, judicial なども、「指し示すこと」の意味であることも理解できます。perjury は [per (= through, off, away) + jury (= right)] でした。モノ・コトを示すのに口も用いますが、日本語でも漢字で「指示」と書き、元は指であることが示唆されます。

　なお、indict, indictment の dict の部分の音は /dait/ です。edict は /í:dikt/ で、[e (= out) + dict (= to say)] から意味は推測できます。

(47) **NAS**：鼻のこと

nose, sneeze

cf. nasal（鼻の）、nostril（鼻孔）、snub（軽視する）、sneer（あざ笑う・冷笑する）、snore（いびきをかく）、sniff（くんくんにおいをかぐ）、snuff（においをかぎ分ける）、nozzle（噴射口）、snout（〔水管などの〕筒口(つつぐち)・飛行機の機首）、snort（軽蔑して言う・怒って言う）、snarl（がみがみ怒鳴る）など

〔解説〕

　語頭の子音 /n/, /sn/ そのものが鼻音で、まるで擬音語のような語群です。鼻は呼吸をする身体の器官でもあり、鼻孔から流れ出る空気・息 (breath) は生命の証しです。'take one's last breath'「最後の息をする」という言い方が英語にあります〔これは Basic English 的な言い方とも一致します〕が、「死ぬ」の意味です。

　C.K.Ogden 監修で、全編が Basic English 850 基礎語を基本にして書かれた聖書 *The Bible in Basic English* の、旧約・創世記第 2 章 7 節に The *Lord God* made man from the dust of the earth, breathing into him the breath of *life*: and man became a living *soul*.「主なる神は土の塵(ちり)から人をかたどり、その鼻の孔に息を吹き込むと、その形は生命ある人となった」と記されています。ここでは 4 語をイタリック体としておきましたが、いずれも韻文 / 聖書用語としてのプラスα Basic 語です〔巻末付録 2 参照〕。Basic English 聖書ではこのようにプラスα語が縦横無人に用いられます。Basic English では 100 語の韻文用語と、50 語の聖書用語がプラスα語として用意されています。なお、文中での living *soul*「生きた魂」とは「人」そのものの意味でもあります。ここでの人はアダム [Adam (< man)] であり、その誕生の記述です。

　太字書きの Basic 語に sneeze（くしゃみ）がありますが、くしゃみをすると鼻から出る息が大量に出てしまいますの

で、西洋人は病や死の不吉な兆候と見なします。したがって、くしゃみをする人に心配して 'God bless you.'「神の恵みあれ」と言います。そして言われた人は 'Thank you.'「ありがとう」などと言います。なお、bless は *blessing* という語形で韻文／聖書用語としてのプラス α Basic 語です。thank は Basic English では基礎語とは考えません。

　旧約聖書・創世記の記述とともに種(しゅ)の起源に触れましたので、次に「生まれること」に関しての例を扱ってみます。

(48)　**SE**：種(たね)のこと
　　seed
　　　cf. season（季節）、seminar（セミナー・研究会）、seminary（神学校）、inseminate（種をまく・思想などを植えつける）、disseminate（種をばらまく・思想などを広める）、sow（種をまく）など

　　〔解説〕
　　　第一部でも触れたのですが、印欧祖語 SE から Basic 語の seed ともなり、いくつかの語が生まれました。season は Basic English では基礎語とは見なしません。プラス α 語でもありません。巻末付録を確認されるとよいです。「セミナー、研究会、討論会」の seminar は、そこで種まきをするという意味が元にあります。この語群での語には共通に印欧祖語の原音が聞こえるような気がします。

　　　なお、semester（セメスター・2学期制の学期）はここでの語群とは同系ではありませんので注意が必要です。semester は [se (= six) + mester (= month)] です。

(49)　**GEN / (G)NA**：種(たね)が生まれ出ること
　　general, engine, natural, nation, name, kind, *engineer*（技師）、*generation*（発生・世代）、*germination*（発芽・発生）、*origin*

（起源）、*degenerate*（退化した）、*gentle*（優しい）、*king*（王）、*kingdom*（王国）

　cf. genesis（発生・[G~]聖書創世記）、genius（天才）、generous（寛大な）、pregnant（妊娠した）、gender（性）、gene（遺伝子）、genetics（遺伝学）、genuine（純粋な）、genital（生殖の）、generate（生み出す）、gynecology（婦人科医学）、genre（類型・ジャンル）、genial（愛想のよい・温和な）、congenial（気心の合った）、ingenious（創意工夫に富む）、gentile（異邦人・氏族[部族]の）、oxygen（酸素）、hydrogen（水素）、nature（自然）、native（土着民）、noun（名詞）、nominal（名詞の）、nominate（指名する）、synonym（同義語）、antonym（反義語）、paronym（同源[同根]語）、onomatopoeia（擬音[擬声]語）、naïve（純真な）、innate（生まれつきの）、natal（出生の）、Renaissance（ルネサンス・文芸復興）、mankind（人類）、akin（血縁の）、kindergarten（幼稚園）など

〔解説〕
　上の例（48）で「種
た ね
」に関する語を見ましたが、ここではその種が「生まれ出ること」の意味をもつ語の例です。Basic 語の engine はもちろん原動力を生み出すものです。

　name（名前）は、その音 /neim/ と意味が印欧の諸語に広く共通しています。この name はインドのサンスクリット語も経由した語です。仏教（浄土宗）での仏への帰依を表す文句「南無阿弥陀仏」が「阿弥陀(Buddha) の仏の名を唱え、悟りを開け」のような意味として知られていますが、頭の2文字の「南無」は「名前」と同義で、音も日本語の /namae/ とも似ています。このあたりは今日なお、日本語のルーツが不詳であることと絡
か ら
めても興味深いです。

　ゲルマン系の Basic 語 name は、un-Basic 語でラテン系の noun, nominate、またギリシャ系の synonym [syn (= same) + onym (= name)]、antonym [ant (= opposite) + onym

(= name)]、paronym [par (= by) + onym (= name)] などとも同系で、onym には name の響きがあります。日本語には擬態・擬音 [声] 語 (mimetic and onomatopoetic words) が特別に多いのですが、onomatopoeia [onomato (= name) + poeia (= verse)] はまさに音と意味を結びつける語ということになります。

「親切な」の意味で用いる Basic 語の kind、プラス α Basic 語の *gentle*、また un-Basic 語の generous など人の性質・性格に関わる語は、生まれつきのものという考え方になります。*gentle* は韻文／聖書用語として形容詞のプラス α Basic 語です。oxygen は [oxy (= acid) + gen (= produce)] です。hydrogen は [hydro (= water) + gen (= produce) であり例（１）で既出です。innate は [in (= in) + nate (= natural / birth)]、Renaissance は [Re (= back / again) + naissance (= natural / birth)] ということです。

なお、プラス α Basic 語の *engineer* は国際的語彙ですし、*generation* は「生成」の意味では科学等用語であり、「世代」の意味では韻文／聖書用語です。*germination* は科学等の用語です。また、*degenerate*（退化した）は形容詞としての科学等の用語です。

ともかく、英語では GEN, NA をもつ語に出くわしたら「生まれること」の意味と推測すればよいです。さらには、同じ軟口蓋が調音点となる有声の /ɡ/ が無声の /k/ にもなり kind が生まれました〔上で少し触れましたように Basic English では「親切な」の意味で用い「種類」の意味では用いませんが、語源的には同じです（巻末付録１の〔注〕④参照）。国際的語彙としてのプラス α Basic 語 *king* や、韻文／聖書用語としてのプラス α Basic 語 *kingdom* なども同系語です。同様に、/k/ となった語群中の un-Basic 語 mankind, akin, kindergarten などもすべて生まれ出る種・血縁・同胞に対する親切心、思いやりの意味が含まれています。

(50) **SEM**：種(たね)が同じであること

same, seem, some, simple, system, *similarity*（類似性）

cf. similar（似た）、assimilate（同化する）、simultaneous（同時の）、sincerely（誠意をもって・敬具）、sympathy（同情）、symphony（シンフォニー・交響曲）、syndrome（症候群）、single（単一の）、resemble（似ている）、assemble（集める）、facsimile（ファクシミリ）、Sanskrit（サンスクリット語）など

〔解説〕

印欧祖語 SEM から来た語群です。日本語で同じようなもののことを同種と言いますが、やはり漢字が「種」となります。one and the same（同一の）という熟語も英語にありますが、数的には「1」の意味でもあります。

sincerely は [sin (= same) + cere (= growth) + ly] であること、そして cere が cereal（穀類）とも関係していて結果的には Basic 語の grain（穀物）にもつながることは第一部でも触れましたし、例（14）でも見ました。要するに sincerely, sincere には「種（たね・しゅ）が同じ」という意味があることになります。現代的な英語 facsimile は [fac (= to make) + simile (= same)] で、印欧祖語の異形 FAK までさかのぼる語です。例（27）でも見ました。また、Sanskrit は [Sans (= same) + krit (= done, made, complete)] と要素分解されます。「選別され完全に 1 つにされたもの」のような意味です。

これまで 50 例を見てきました。やはり Basic 850 基礎語はその約 ¼ は同じ印欧祖語から派生しているという予測が立ってきました。相互に同じルーツをもっているということです。ここで子音の推移・交替の例で 1 つ確認しておきましょう。言語学上で**グリムの法則（Grimm's Law）**として知られる子音の変異に関する規則があります。この法則は、童話でも知られる 19 世紀のドイツの言語学者

であった「グリム兄弟」の兄のほうのJ. グリム (J. Grimm) によって発見されたもので、**印欧祖語からゲルマン語系への派生で起こった子音変化**です。

すでにこれまでに例としてはいくつか見てもきたのですが、概略 ① [d] → [t]、② [p] → [f]、③ [t] → [θ]、④ [k] → [h]、⑤ [b] → [p]、⑥ [g] → [k] の変化ということです。たとえば今日、ラテン系英語とゲルマン系英語でそれぞれ ① は double「二重」→ two「2」、② は papa「パパ」→ father「父」、③ は trio「トリオ」→ three「3」、④ は core「核心」→ heart「心臓」、⑤ は labial「唇の」→ lip「唇」、⑥ は grain「穀物」→ corn「トウモロコシ」などとなって現れています。グリムの法則のここでは主なものだけを出しています。

子音の推移とともに、母音の推移に関しても1つ触れておきましょう。今日の英語は音と文字（スペリング）が一致せず、外国語としての英語修得も大変難しいものとなっています。子音より特に母音が音と文字が一致せず複雑です。その理由は中世から近世にかけ、母音体系が変わってしまったことにあります。それ以前は音と文字はかなり一致していて明確であったのが、西暦 1,400 年～1,650 年頃までの約 250 年間に母音体系に大きな変化が起こりました。

この変異は言語学では**大母音推移（Great Vowel Shift）**として知られるもので、20 世紀のデンマークの言語学者 O. イエスペルセン (O. Jespersen) の命名によるものです。この大母音推移とは**中世英語の時代に長母音を発音するとき、舌の位置（調音点）がそれまでのものから一段ずつ高くなると同時に、二重母音化もした**のです。

少し具体的に言いますと、① [a:] → [ei]（例、name など）、② [e:] → [i:]（例、feet など）、③ [i:] → [ai]（例、time など）、④ [ɔ:] → [ou]（例、coal など）、⑤ [o:] → [u:]（例、tooth など）、⑥ [u:] → [au]（例、now など）のようになりました。②、⑤ は長母音が一段高い舌の位置の長母音へと推移し、①、③、④、⑥ は長母音が割れて二重母音化へと推移しています。③、⑥ のそれぞれ [i:], [u:]

は舌の位置がそれ以上は高くはなりませんので、二重母音として割れたわけです。下の図は、そもそも言語音での母音の最も中立な基本母音系 (Cardinal Vowel System) を示したもので、元来は20世紀初頭に英国の音声学者 D．ジョーンズ (D. Jones) により設定されました。右図の黒丸は非円唇母音、白丸は円唇母音です。

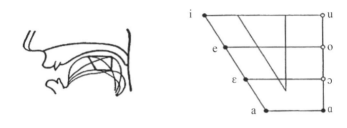

基本母音系 (Cardinal Vowel System)

この理論的に設定された8つの基本母音（[i], [e], [ɛ], [a], [ɑ], [ɔ], [o], [u]）を尺度に、世界の各言語の母音が実際に発音されるときの舌の位置（最高点）を、これとのズレで説明できることになります。英語の母音は上図の台形というより、やや左に傾いた楕円形に近いですし、日本語の5つの母音は逆二等辺三角形のような形になると言えます。

いずれにせよ、中世期に英語の母音は大きく推移し、それまでは音と文字が基本的に一致していたものが複雑になってしまいました。一方、15世紀にはドイツのJ．グーテンベルク (J. Gutenberg) が活版印刷術を発明し、その技術が進歩・発展し文字が印刷されるようになりました。文字が残るようになったのですが、音はどんどん変化しつづけたため結果的に現在の英語のようなスペリングと音の不一致をもたらしました。

今日、日本の学校機関で英語の試験に発音問題が出題されますが、

もし文字と音が一致していたら出題はされないわけです。英語はこの両者の不一致も大きな難点です。今日、特に日本人が最も楽に修得できる西洋言語は、文字と音が一致し、母音の数も5つで、何かと規則的なスペイン語ではないでしょうか。周波数（Hz：ヘルツ）的に高周波の英語音などに比べると低く、日本語音の周波数に近いです。高周波言語を話す民族が低周波言語を修得するのは比較的容易でも、その逆は難しいはずです。年齢とともに高周波音の聴取が難しくもなります。その点では、英語民族などは低周波の日本語音が楽に聴け、日本語修得そのものも楽だという理屈になります。なお、Hzは19世紀のドイツの物理学者でその発見者H. ヘルツ（H. Hertz）から来ました。

これまでの例で、子音よりも母音の派生形のほうが複雑に思えるでしょうか。このあたりは少しずつ慣れていくより方法はありませんが、それでも慣れでかなり見えてくる部分も多くなります。

試問　2　〔➡上例（26～50）〕
1）次のそれぞれ a)～m) の Basic 語と同源・同系の Basic 語は、下の①～⑬のうちどれでしょう。

a) **office**　　b) **music**　　c) **plane**
d) **art**　　e) **rule**　　f) **experience**
g) **tree**　　h) **interest**　　i) **bit**
j) **doubt**　　k) **worm**　　l) **engine**
m) **seem**

　　　　　＊　　＊　　＊

① **amusement**　② **balance**　③ **boat**
④ **earth**　⑤ **face**　⑥ **fear**
⑦ **flat**　⑧ **general**　⑨ **regular**
⑩ **same**　⑪ **true**　⑫ **wire**
⑬ **yes**

2）次のそれぞれ a)～q) の Basic 語と同源・同系の語は、下の①～⑰のうちどれでしょう（イタリック体の⑮はプラス α Basic 語、他の標準体は un-Basic 語）。

a) **foot**　　b) **fact**　　c) **mind**
d) **flat**　　e) **army**　　f) **rail**
g) **tree**　　h) **soup**　　i) **bite**
j) **society**　k) **distribution**　l) **reward**
m) **turn**　　n) **finger**　　o) **nose**
p) **natural**　q) **same**

*　　*　　*

① article　② beetle　③ fashion
④ figure　⑤ folk　⑥ monster
⑦ pedal　⑧ Renaissance　⑨ rigid
⑩ sick　⑪ sincerely　⑫ snore
⑬ soccer　⑭ stir　⑮ *tribe*
⑯ trust　⑰ wrestling

＜正解＞は本第二部の末尾（170 頁）

(51)　**WRAD ⇒ RAD**：根のこと
　　root, ray, *radio*（ラジオ）、*radium*（ラジウム）、*radiation*（放射能）
　　　cf. radish（大根）、radical（根本的な・過激な・急進的な・語根の）、eradicate（撲滅する）、radar（レーダー）など
　〔解説〕
　　上で種（たね・しゅ）を扱いましたが、これは根に関する語群です。やはり第一部でも少し触れました。「植物の根」が本来の意味で、その根が放射線状に地下に張るイメージからいくつかの語が派生しました。*radio*、*radium* は国際的語彙、*radiation* は科学等用語としてのそれぞれプラス α Basic 語です。印欧祖語の語頭では半母音 /w/ だったのですが、英語ではこの音が消失しました。

(52)　**SKEU**：覆(おお)い包むこと
　　sky, skin, shoe
　　　cf. ski（スキーの板）、skim（すくい取る）、scum（かす・くず）、obscure（曖昧な・不明瞭な）、hide（隠す・獣の皮膚）など
　〔解説〕
　　sky, skin, shoe はそれぞれ宇宙空間、身体、足を覆(おお)い包むものです。ski はやはり足を覆うものです。/sk/, /ʃ/, /h/ と子音が変化もしました。obscure [ob = (over, on) + scure (= cover)] などの中にも、この覆い包まれた原義を感じ取るとよいです。覆い包むことに関わる似た例を次に扱います。

(53)　**WER ⇒ VER**　：隠すこと
　　cover, discovery
　　　cf. coverage（適用範囲・保障範囲）、recovery（回復・取り戻すこと）など
　〔解説〕
　　上での例（52）と似ていますが、cover は [co (= with,

together, all) + ver (= to put ... out of view)] で、「見えないようにすること」です。

　discovery は [dis (= off, away) + co + ver + y] と要素分解できます。すでに触れたところがありますが、接頭辞はしばしば強意のニュアンスを出します。また、印欧祖語 WER の語根中の /w/ の音が /v/（/w/ → /v/）になった例ですが、すでにこれまでにも見てきました。

　cover の名詞形は coverage もあり接尾辞が age、そして discover, recover の名詞形はそれぞれ discovery, recovery であり接尾辞が y となります。この違いは age の抽象性に対して、y は具体性のある意味にもなります。したがって、discovery（発見）は結果的な「発見したもの（発見物）」にもなり、recovery も結果的な「取り戻したもの（回収物）」の意味にもなり、それぞれ discoveries, recoveries のように可算名詞としても用いられます。

(54)　**KEL ⇒ CEL**：覆い隠すこと

　colo(u)r, hole, hollow, house, *hell*（地獄）、*cell*（細胞・電池）

　cf. occult（オカルト・神秘的な）、hall（ホール・会館）、holster（ピストルの皮ケース）、ceiling（天井）、cellar（地下室）、conceal（隠す）、Colorado（コロラド川の流れる米国西部のコロラド州）など

〔解説〕

　上の例（52）、（53）とも似ていますが少し違うと言えるでしょう。ここでの語群では印欧祖語の /k/ の音は Basic 語 colo(u)r や un-Basic 語 occult [oc (= over) + cult (= cover)] に残っていますが、/h/ や /s/ にも派生していることが分かります。こういう派生音化の例もすでに見てきました。もうかなり慣れてきて、音変異にあまり抵抗はないのではないでしょうか。colo(u)r（色）とは、色づけして覆い隠すものという

考え方は面白いです。

　hell は韻文／聖書用語、*cell* は科学等用語としてのプラスα Basic 語です。巻末付録で確認してみてください。*hell* などは英語民族にとっては特別な感情を呼び起こす語で、そういう語が韻文／聖書用語としてのプラスα Basic 語です。

　なお、Colorado は「色のついた」を意味するスペイン語を経由した語で、いつも赤く濁った水のコロラド川が流れる米国西部の州の名ともなりました。こういう語は固有名詞ですので Basic English で用いることはできます。

(55) **PEN**：先端が尖っていること

pen, pencil, pin, point, pain, punishment

　cf. penalty（罰則）、penal（刑罰の）、peninsula（半島）、appoint（任命する）、disappoint（失望させる）、punctuate（句読点をつける）、punctual（時間厳守の）、fence（フェンス・柵）、defense（防御）、defend（防御する）など

〔解説〕

　印欧祖語を PEN としておきますが punishment（罰）にもなりました。pain（痛み）にもいろいろなものはありますが、やはり何か先の尖ったもので突かれるような感じには違いありません。/p/ → /f/ で un-Basic 語の fence, defense, defend ともなりました。de (= off, away) は、たびたび出てきました。

(56) **KWO ⇒ QUO**：問い求めること

question, request, quality, equal, who (what, which, etc.), where, when, why, how, *quantity*（量）、*quotient*（指数・比率・商）、*equation*（方程式・等式）

　cf. whether（〜かどうか）、quiz（クイズ・試問・小テスト）、queer（奇妙な）、require（要求する）、acquire（獲得する）、conquer（征服する）、conquest（征服）、inquire（問い合わせ

る)、inquiry（問い合わせ）、query（疑問・尋ねる）、quote（引用する・見積りを出す）、quotation（引用・見積もり・見積書）、exquisite（見事な・素晴らしい・優雅な）など

〔解説〕

　もちろん文字をもたない印欧祖語族でした。英語では q, wh, h の文字となりましたが、音は祖語の原音の響きをほぼ残し、/k/ (/kw/) として多くの語を生み出しました。/k/ と /h/ は同じ音素である例はすでに出てきましたが、ここでは疑問詞の who (what, which, etc.), where, when, why, how ともなっていることが分かります。Basic English では what, which, etc. は who の派生形（who → what, which, etc.）と考え 850 Basic 語一覧にはなくても、Basic English の範疇です。上の語群では括弧付きで示しておきました。how は /w/ の音が消失（/w/ → φ）した形で、これも一般的な変異です。

　Basic 語の equal（等しい）は [e (= out) + qu (= question) + al (= having the qualities of)] で「等しいこと」とは、問い求めていって結果として出てくることでもあります。味のある考え方です。un-Basic 語の exquisite も同じ考え方で、美しさや優美さは問いつめたものと言えます。なお、*quantity, quotient, equation* はプラスα Basic 語です。

　ついでに触れておきますと、たとえば Basic 語の frequent（頻繁の）、liquid（液体）、また un-Basic 語の liquor（酒・アルコール飲料）などにも /k/ (/kw/) の音がありますが、ここでの語群には分類されません。frequent は /fríːkwənt/、liquid は /líkwid/、liquor は /líkər/ (/líkwɔər/) と、それぞれ /kwənt/, /kwid/, /kər/ (/kwɔər/) の部分には意味の核はなく強勢アクセントも置かれません。これらの語の意味の核は前の部分にあり、強勢アクセントも前に置かれます。frequent の最初の音節は「詰め、混雑さ」の意味、liquid, liquor のそれは「流れ」の意味です。

　ただし、これは一般的に言えることで、frequent は形容詞

としてではなく動詞として「たびたび訪れる」の意味では、強勢アクセントが一般に後ろに移り /frikwént/ ともなりますし、さらにまた、国際的語彙としてのプラスα語 *liqueur*（リキュール酒）は /likə́:r/ (/likúər/, /likjúər/) のようになり、強勢アクセントが後ろとなるものもあります。

　関連して付け加えておきますと、語群中の最後の un-Basic 語 exquisite は第一音節の ex にアクセントが置かれる場合と、第二音節の qui に置かれる場合の２通りありますが、前者であれば接頭辞 ex (= out)「とび抜けていること」に意味の核ができ強調されることになります。

　いずれにせよ、このあたりも音節中での音強勢が意味の核としばしば関わることを示唆しています。重要な点です。例（１）の〔解説〕中でも触れておきました。

(57) **PA**：食べ物を採ってくる父のこと、食べ物のこと
paste, company, food, father
　cf. papa（パパ）、paternal（父の）、pattern（型）、pantry（食糧貯蔵庫）、companion（仲間）、accompany（同伴する）、pasta（パスタ・麺類）、patronymic（父方の姓の）、patron（保護者・後援者）、patriot（愛国者）、repatriate（本国へ送還する）、pasture（牧草地）、pastor（牧師）、fodder（家畜の飼料）、feed（食べ物を与える）、foster（養育する）など

〔解説〕
　印欧祖語 PA からラテン語系では食べる「パン」にもなりましたが、元来は「食べ物」「食べ物を採ってくる父親」の意味の語群です。この食べ物を共にする間柄は company「親しい仲間」であることにもつながります。すでに注目したグリムの法則にしたがった /p/ → /f/ の子音変異で、英語に組み込まれた語がこの語群にも見られます。
　Basic 語 paste は「練(ね)り粉」が原義です。un-Basic 語の

pasture は「えさ（飼料）を与えること」が原義ですし、pastor は [past (= food) + or (= person)] で「えさ（飼料）を与える人」でした。次に「母」の意味の語を見てみましょう。

(58) **MA**：食べ物を与え、育てる母のこと
mother, material, (May)

　cf. mama（ママ）、maternal（母の）、matrimonial（婚姻の）、matter（問題）、metropolitan（大都市の・大都市住民の・母国の・本国の）、metro（地下鉄）、metronymic/matronymic（母方の姓の）、mammal（哺乳動物）、mamma（哺乳類の乳房）、masticate（噛み砕く）、Maia（マイア女神）など

〔解説〕

　Basic 語の material（材料）とは「母材」のことです。un-Basic 語の matter の背景にも「母」があります。metropolitan はギリシャ語とラテン語を経て英語になった語で、[metro (= mother) + poli (= town, *police*) + tan (= of, person)] です。大都市とは「母なる都市」のことで、ギリシャの都市国家ポリス、またその自治・治安から来ました。都市の地下にある鉄道の metro も、そもそもは mother の異形だということです。metronymic / matronymic は [metro / matro (= mother) + nymic (= name)] です。

　masticate はいかにも母らしさを感じさせる語で、C.K.Ogden 監修の *The General Basic English Dictionary* では 'to make food soft by biting it' のように定義していますが、食べ物を噛んで柔らかくして子に与える母親をイメージさせます。Maia はギリシャ・ローマ神話の女神の名で、ここにも印欧祖語 MA の音の痕跡を残しています。

　なお、「5月」の May もローマ神話で「マイア女神の月」とも見なされました。May は巻末の 850 基礎語一覧にはありませんが、暦上の言い方で Basic English の範疇の語です。

括弧付けとしておきました。これは意味的には the 5th month of the year「年の第5番目の月」ということです。

　上の印欧祖語 PA からの papa と、MA からの mama は同じ音がくり返される2音節語で、この2つの語の音と意味は洋の東西を問わず幼児期の最も初期の言語として、かなり普遍的なものに思えます。音声学の用語を用いれば、子音では無声両唇閉鎖音 /p/ と有声両唇鼻音 /m/、そして母音では舌の位置が最も低くなる非円唇前舌広母音 /a/ で、この3音は人間の原始的言語音と言えるでしょう。

(59) **BHREU ⇒ BRAN**：煮焼きし、温め、膨らませること
bread, burn, boiling, breath, *breast*（胸）、*bride*（花嫁）、*ferment*（発酵・酵素・酵母）

　cf. brew（醸造する・熱湯を注いで煎じる）、broth（〔肉、野菜の〕スープ）、brazier（火鉢）、broil（網焼きにする）、broad（広い）、breadth（幅）、bribe（賄賂）、breed（孵化する・飼育する）、brood（親鳥が卵を抱く）、brand（ブランド・銘柄・家畜などに押した焼印・烙印）、brandy（ブランデー）、fervent（熱烈な）、fervor（熱情）、fervid（熱烈な）など

〔解説〕

　上の (57) の例で印欧祖語 PA からラテン系では「パン」ともなったことに触れました。パンは生活の糧であり、英語で 'make one's daily bread' は「生計を立てる」の意味となります。「パン」はゲルマン系では bread で、これは PA からではなく「（煮たり焼いたりして）沸騰させ、泡立て、膨らませること」を意味する BHREU から来ました。胸部を用いる breath（呼吸・息）も、パンやパンを焼き膨らませる意味と関係しています〔breath に関して、先の例 (47) の解説でも少し触れておいた事柄があります〕。

　breast はプラス α Basic 語ですが、これも同系語です。ま

た、breadth などの中には bread そのものの響きがあります。「賄賂」の bribe も元はパンを施すことから来ました。プラス α Basic 語 *bride* は、上の（58）の例とも関わりますが、家庭で母としてパンを焼く役目となるのが花嫁という考え方です。反義語の「花婿」の un-Basic 語 bridegroom は [bride (= bread) + groom (= man, servant)] です。「ブランデー」の brandy は brandy-wine の略で、これはオランダ語の brandewijn [brande (= burned) + wijn (= wine)] を経由して英語となったようです。

ferment は科学等用語としてのプラス α Basic 語ですが、このように初頭の子音 /b/ → /f/ ともなった語を含め、この語群に一括される英語も多いです。

(60) **GHEL** ⇒ **GEL**：滑らかで、輝きを放つこと
gold, glass, jewel, jelly, yellow, clear, clean, *glory*（栄光）、*glad*（嬉しい）、*glacier*（氷河）、*clay*（粘土）

cf. glance（チラッと見る）、glare（ギラギラ光る）、glisten（キラキラ輝く）、glitter（ピカピカ輝く）、glimmer（かすかにチラチラ光る）、glow（メラメラ燃えるように光る）、glimpse（キラッと光る）、glint（反射して光る）、glue（にかわ）、gloss（光沢）、glide（滑る）、glider（グライダー）、joke（冗談）、declare（宣言する・申告する）、yell（金切り声で叫ぶ）など

〔解説〕
印欧祖語に特徴的な声門摩擦音の /h/ は消失（/h/ → φ）し、また母音の /e/ も消失（/e/ → φ）し、/gl/ として英語になったものが多いのですが /g/ は /dʒ/ や /j/、さらには /k/ ともなりました。「黄金」の gold は「黄色い金属」が原義でもありました。したがって yellow（黄色）とは同系であることは納得されるでしょう。語としての音 [gould] と [jélou] とではあまりにもかけ離れているように思え、音と意味の一体化が難

しいでしょうか。語群の各語を何度も口で唱え、音感と語感を養っていくのです。この例ばかりではなく、他の例で同じように試みるのです。

なお、イタリック体の *glory, glad* はともに韻文／聖書用語としてのプラス α Basic 語ですが、*glad* は形容詞としての語です。*glad*「嬉しい」も輝くことです。*glacier* と、/g/ が /k/（/g/ → /k/）へ派生した *clay* は科学等用語としてのプラス α Basic 語です。

輝いたり、光ったりする意味の語はニュアンスが少しずつ違うのですが、基本的に開母音で口の開きの大きい語のほうが、狭母音で口の開きの小さい語より聞こえ・響きの度合いが大きく、意味も強くなります。たとえば glare は、かなり意味の強い語で、太陽などのまぶしいような輝きです。また、glisten と glitter では、前者は磨かれ湿った感じの輝きで、後者は乾いた輝きと言えばよいでしょう。glitter, glimmer などの語尾の er は「反復」を意味しました〔31 頁、解説参照〕。

(61) **SENT**：前方へ向けて感じとること

sense, send

cf. sentence（文・判決）、scent（匂い）、consent（承諾・承諾する）、resent（憤慨する）、consensus（同意・コンセンサス）、sentry / sentinel（番兵・見張りの兵士）など

〔解説〕

感覚的な意味ニュアンスをもつ語群です。Basic 語の sense は言葉の「意味」の意味にもなりますが、意味は感覚的なもので「感知すること」でしょう。send は距離的な感じのある位置の移動を意味しますが、移動の経路が多分に感覚的なものと言えると思います。un-Basic 語の sentence が「判決」の意味にもなるのは、判決は「文」で示されます。

なお、consent ですが、日本語の「（電気の）コンセント」

は consent とは言いません。一般には electric outlet です。

(62) **STA**：立って動かないこと

stage, station, star, distance, stem, system, rest, store, substance, statement, existence, still, *cost*（経費）、*assistant*（補佐役）、*constant*（定数）、*substitution*（置換・代用）、*resistance*（抵抗・耐性）、*stable*（安定した・一定の・変質しない・非放射性の）、*statistics*（統計）、*stamen*（雄しべ）

cf. stay（留まる）、statue（像・彫像）、stature（背丈・身長）、stand（立つ）、stall（売店・屋台店・立ち往生する）、stationary（静止した）、stationery（文房具）、stalker（ストーカー）、install（備え付ける・インストールする）、steal（盗む）、understand（理解する）、ecstasy（エクスタシー・恍惚）、stool（腰掛け）、restore（回復する）、status（身分・地位）、state（国家・状態）、statute（法令・法的規則・定款）、stead（場所・位置）、steady（確固とした）、circumstance（状況・環境）、establish（設立する・創設する）、stare（じっと見つめる）、stance（立場）、standard（標準）、obstacle（障害・障害物）、superstition（迷信）、prostitute（売春婦）、constitution（憲法）、institute（研究所・設立する）、exist（存在する）、insist（主張する）、consist（成り立つ）、assist（援助する）、arrest（逮捕する・逮捕・停止・妨害）、resist（抵抗する）、persist（固執する）、contrast（対照・対照する）、obstetrics（産科学）など

〔解説〕
　この語群に一括される英語はきわめて多いです。未知の語に出くわしても子音の </st/ + 母音> となる強勢をもった音節として脳に響く音は、まるですべて何らか「立っていること、立っているもの、立ちはだかっている状態」を意味すると考えてよいです。音節は /stá/, / sté/, /stí/, /stɔ́/, /stú/ など、さらに母音は長母音や二重母音ともなって聞こえてきます。

Basic 語の system は [sy (= same) + stem (= stem)] で、例（50）では sy の観点から扱いましたが、ここでは stem に注目します。stem は「木の幹」が元の意味ですが、ここでの印欧祖語 STA から来たもので「立っている」の意味です。existence は [ex (= out) + sist (= to be up) + ence] で「生き抜くこと、生存」です。

　still は Basic English では副詞の「なお、それでも、まだ」の意味でのみ用い、起源は同じ STA ですが形容詞の「静かな、動かない」などの意味では用いないことになっています。このことは巻末付録１の〔注〕④にも書いておきました。

　イタリック体の *cost* は科学等用語（ビジネス用語および経済学用語）としてのプラス α Basic 語です。このように複数分野にまたがって重複するプラス α 語もあります。紛らわしいですので、分かりやすくそういう重複語を一覧表にして巻末付録２の D）に示しておきました。

　assistant, constant, substitution, resistance, stable, statistics, stamen はいずれも科学等用語としてのプラス α Basic 語で、*constant* は名詞、*stable* は形容詞のプラス α Basic 語です。

　語群の語で Basic 語の rest や、un-Basic 語の exist, insist, consist, assist, arrest, resist, persist, contrast はすべて語尾に /st/ の音をもっています。「文房具」の stationery は stationer（文房具店・文房具商人）からの派生ですが、stationer は元は立ち寄る「本屋」のことでした。contrast は [contra (= opposite) + st (= to be up)] です。最後の obstetrics は [ob (= near) + stetric (= having to do with the process of giving birth) + s (= science)] で、産婦の近くに立ち会うことに関わる科学です。

(63)　**SED**：座って動かないこと

seat, side, desire, *sedimentary*（堆積［物］の）

　cf. sit（座る）、set（固定する）、settle（落ち着く）、saddle（サドル・鞍）、site（場所）、situatuion（状況）、sediment（堆積物・

沈殿物)、parasite（寄生虫）、consider（考慮する）、disaster（災害）、session（会期）、consult（相談する）、possess（所有する）、obsess（取りつかれる）、assessment（査定・評価）、subside（沈静する・おさまる）、preside（座長を務める）、dissident（異議のある・反体制派の人）、cathedral（大聖堂・カテドラル）など

〔解説〕

上の例（62）で「立って動かないこと」を意味する例を扱いました。ここでの例は「座って動かないこと」を意味する語群です。実はこの2つは本質的には同じで、「動かないこと」が共通の意味です。

Basic 語の desire は [de (= off, away) + sire (= star)] です。*sedimentary* は形容詞として用いる科学等用語のプラスαBasic 語です。un-Basic 語の consider は [con (= with, together) + sider (= star)]、また disaster は [dis (= not) + aster (= star)] であり、それぞれ star（星・星座）との関わりからそれを欲しがったり、星と共に考えたり、星の欠如の意味でもあります。この Basic 語 star は上の例（62）で入れてあります。

「寄生虫」の parasite は [para (= side) + site (= seat, seated)] ということです。possess は [pos (= able) + sess (= seat, seated)]、obsess は [ob (= against) + sess]、subside は [sub (= under) + side]、preside は [pre (= before) + side] で、dissident は [dis (= off, away) + sid + ent (= person)] ということになります。cathedral は英語では /s/ が /θ/ ともなりました。元は「司教の座る席」から来ています。

上の例（62）で見た un-Basic 語 insist, consist, assist, resist, persist はすべて語尾に /sist/ の音をもっています。これは /si/ + /st/ で、/si/ と /st/ がそれぞれ印欧祖語 SED と STA から来ています。したがって上の例（62）の STA とこの例（63）の SED は、「立つ」と「座る」の違いはありますが、どちら

も「じっと動かないこと」の意味です。

(64) **BHEL** ⇒ **BEL**：光により色彩に変化が出ること
blood, blue, black, blade, blow, flower, flame, fire, *blessing*（祝福・神の恩恵）、*foliation*（〔岩石の〕葉片状構造・〔植物が〕葉を出すこと）

 cf. bleed（血が出る）、bloom（花が咲く）、blossom（開花）、blend（色が少しずつ変化する・混合）、blind（目に見えない・花が咲かない）、blink（明かりが明滅する）、blaze（炎の色）、blank（白い・無色の）、flour（粉）、flash（光のきらめき・きらめく）、flammable（可燃性の）、flourish（植物が繁茂する）、foliage（葉・群葉）、flora（植物相）、foil（金属箔）など

〔解説〕

　ここでも /b/ → /f/ の音の変異が見られます。色彩から見る語の意味ということにもなりますが、印欧祖語族にとって光を放つ太陽に関心があったはずで、地上のモノの色彩が太陽光線の当たり方によりいろいろと変わりました。それが血の赤色であったり、海面の昼間の青色や白色が暗闇の中では黒色になったり、また野の咲く花の色、製粉した穀物の色など千変万化して見えたことでしょう。

　blow は名詞で「開花」の意味で用いることがあります。落花ではありません。たとえば 'in full blow' は「満開である」の意味です。この blow の使い方は基本でもありますので、拡張した形態の Basic English の範疇と考えてもよいでしょう〔私はこういうものを特別に Wider Basic English（拡張ベーシック・イングリッシュ）と名付けています〕。

　blessing は韻文／聖書用語としてのプラスα Basic 語です〔例（47）の解説でも触れておいた事柄があります〕。古代人にとって、動物や人間の生けにえを神に捧げることは恩寵を受けることでした。*blessing* は色彩としてはやはり鮮血の色

である赤でしょう。*foliation* は科学等用語としてのプラスα Basic 語です。

(65) **GHRE ⇒ GRE**：成長すること
growth, grass, green
　　cf. grow（成長する）、graze（牧草を食べる）など

〔解説〕
　Basic 語の growth（成長）、grass（草）、green（緑色）、そして un-Basic 語の grow, graze もすべて同じルーツから来ていると感じとっておくことには意義があります。印欧祖語には /h/ の響く音がいくつかあることはすでに見てきたとおりですが、ここでは消失しています。
　いずれも素朴な意味をもつ語で、こういう語も音の響きと意味を一体化させ、1つで理解しておくとよいです。語感が磨かれ、実感をもって使えるようにもなります。green は色彩的には黄色の yellow と青色の blue の中間にあるものです。

(66) **BHER ⇒ BER ／ PER ⇒ FER**：荷を負って運ぶこと
birth, support, porter, transport, important, fertile, offer, different, *sport*（スポーツ・運動）、*reference*（関連・関係・基準・照会）、*difference*（相違）、*export*（輸出）、*import*（輸入）
　　cf. burden（負担）、bring（持ってくる）、bear（子を産む・耐える・クマ）、beaver（ビーバー・海狸）、bearing（ベアリング・軸受）、portable（携帯用の）、disport（気晴らしをする・楽しみ・スポーツ）、portfolio（折りかばん・書類入れ）、ferry（渡し船・フェリー）、conference（会議）、prefer（一層好む）、infer（推論する）、inference（推論）、suffer（悩む）、differ（異なる）、refer（言及する）、report（レポート・報告・報告する・銃声）、transfer（移す・移転・乗り換え）など

〔解説〕

　先の例 (15) と意味的には似ています。子音が /b/ → /p/ → /f/ と派生音化し、いくつもの英語となりました。すべて「運ぶこと」を意味する語です。Basic 語の birth (誕生) や fertile (多産の・肥沃な) がこの語群に含まれる点に注目するとよいです。「子を運ぶこと」の意味をもっています。fertile は [fert (= to give birth) + ile (= able)] です。

　un-Basic 語の bear は、「子を産むこと」が忍耐の伴うことで「耐えること」の意味とともに理解すればよいです。さらに、bear は「クマ」をも意味しますが、やはり子を運んでいるようなその姿・恰好（かっこう）から来たのでしょう。「ビーバー」の beaver も同じで、bear, beaver はともに brown animal「褐色の動物」が原義です。動物のなかでも色彩的には黒みがかった茶色ということになります。

　英語となった語根 port, fer がすべて「運ぶこと (let ... go forward)」の意味と考えれば、英文中で未知の語に出くわしても推測できます。たとえば The gun went off with a sharp report. であれば、この場合の report は「銃声」の意味で、「銃が鋭い音を立てて発射された」の意味となります。portfolio は [port + folio (= leaf)] です。

　接頭辞を付けて用いられる語が多いのですが、offer は [of (= against) + fer] です。他に im-, in-; ex-; dif-, dis-; con-; pre-; suf-; re-; trans- が付いています。それぞれ空間の in; out; off; with; before; under; back; across の意味を担います。

　イタリック体のプラスα Basic 語 *sport* は別な視点から例 (33) でも見ましたが、元来は disport [dis (= off, away) + port] の短縮語です。disport は「気持ちを持ち去る」ことから「気晴らしをすること、楽しみ、遊び」の意味へと転じ、さらに短縮された語形で *sport* (スポーツ・運動) となりました。disport は、動詞として用いる場合は disport oneself のように

言います。*reference* は科学等用語（一般科学およびビジネス用語）、*difference, export, import* は科学等用語としてのプラス α Basic 語です。巻末付録2を確認しておいてください。

(67) **WEID ⇒ VIS ／ VID**：見てとること、先見性のあること
wise, view, idea, guide, *witness*（証人・証言）、*envy*（ねたみ）
　cf. wit（機知）、review（回顧・回想する）、interview（インタビュー・接見・接見する）、visit（訪問・訪問する）、visor（仮面）、provide（提供する）、advise（忠告する）、video（ビデオ）、improvise（即席に作る・間に合わせに作る）、devise（工夫する）、supervise（監督する）、revise（改訂する）、survey（調査・調査する）、evidence（証拠）、providence（先見の明・神意・[F~] 神）、provident（先見の明のある）、prudent（分別のある・賢明な）、ideal（理想）、idol（アイドル・偶像）、guise（見せかけ・身なり）、disguise（変装する・変装）など

〔解説〕
　この語群に分類される英語も大変多いです。印欧祖語の初頭音 /w/ の音素の痕跡を残しているゲルマン語系の英語も少しはありますが、大部分はラテン語系の /v/ となりました。/w/ → /v/ の音派生はすでにたびたび見てきたとおりです。Basic 語の wise とプラス α Basic 語 *witness*（< wit + ness）に見られる /w/ が、/v/ ともなった Basic 語 view もその例です。
　また、ギリシャ語系になると /w/ が消失（/w/ → φ）することも例として扱いました。ここではそれが Basic 語の idea（考え・ギリシャ的イデア観・アイディア）や、un-Basic 語の ideal, idol となっています。これらは「イメージとしてもつ」という感じの語です。そしてさらに注目すべきは、先にもすでに触れましたように、ブリティン島に中世のフランス語の影響のあった時代に /w/ → /g/ と派生音化しました。こ

こでは Basic 語の guide、un-Basic 語の guise, disguise [dis (= off, away) + guise (= to see, dress)] にそれが見られます。

　プラス α Basic 語 *envy* は [en (= in) + vy (= to see)] で、un-Basic 語 visit は [vis (= to see) + it (= to go)] です。また、survey は [sur (= over) + vey (= to see)] で、それぞれここにも「見ること」を意味する音が響きます。prudent は [pru (= before) + dent (= to see)] ということですが、これは providence やその形容詞形の provident との関わりで考えれば語形にも共通点が見えてきます。

　なお、第一部でも少し触れたのですが、印欧祖語とは似ても似つかないように思えるかもしれない story（〔建物の〕階・物語）、history（歴史）もこの語系列に根元ではつながっています〔第一部、21 頁参照〕。「見ること」の意味が関わっています。

(68) **GNO ⇒ KNO**：よく気づいていて、知っていること
knowledge, note, normal, *noble*（高貴な）

　cf. recognize（認識する）、ignore（無視する）、ignorant（無知の）、can（能力的にできる）、cunning（狡猾な・ずるい）、acknowledge（承認する）、know（知る）、notice（気づく）、notion（見解・考え）、notify（知らせる）、annotate（注釈をする）、notorious（悪名高い）、norm（ノルマ・基準）など

〔解説〕

　上の例（67）と似てはいますが、見方が少し違います。子音の /g/ → /k/、さらに /k/ → φ ともなり英語語彙となりました。音の /k/ は消失しても文字だけが残り、元の音の痕跡がうかがわれる語もあります。文字が c となり、can や cunning のように /k/ の音をもっている語もあります。

　acknowledge は、接頭辞 ac (= to) の付いた分だけ knowledge（知っていること）の意味が強められたニュアン

スをもつと言えるでしょう。名詞の acknowledgement は「感謝・お礼」の意味にもなります。*noble* は形容詞として用いる韻文／聖書用語のプラス α Basic 語で、[no (= knowledge) + ble (= able, to be of value)] ということです。

(69) **WEL ⇒ VOL**：回ること、回りめぐること、巻くこと
wheel, walk, wall, development, *volume*（容量・容積・ボリューム）、*valley*（谷）

cf. waltz（ワルツ）、well（井戸・わき出る）、whirl（旋回する）、wallet（財布）、welter（転がり回る）、overwhelm（圧倒する）、vault（丸天井・回廊・跳躍・跳躍する）、volt（乗馬の巻き乗り・フェンシングの回転技）、involve（巻き込む）、convolve（渦巻く）、revolver（回転銃）、revolt（反乱・反乱を起こす）、evolution（進化）、revolution（革命）、envelope（封筒）、envelop（包む）など

〔解説〕
この語群でも印欧祖語伝来であるとともにゲルマン語系の語頭半母音 /w/ が、ラテン語系で /v/ となり、多くの今日の英語が生まれ出ました。Basic 語の wall（壁）は回りめぐらされるものですし、un-Basic 語の well（井戸）は水汲みで wheel（車輪・滑車）を用います。wallet は元来が身体に巻きつけた袋のことでした。/w/ → /v/ と変異した「発展」を意味する Basic 語 development は [de (= not) + velop (= turn) + ment] で、「巻き包まれたものを解くこと」です。*volume* は元来が巻いたもののことです。科学等用語としてのプラス α Basic 語です。*valley* も回りくねっています。これは科学（地質学）用語、また韻文／聖書用語としてのプラス α Basic 語です。welter の語尾の er は反復の意味です。

日常的にも Basic 語の walk, wall に出くわしたときなど、この「回りめぐること」の原義を改めて感じとると同時に、

/w/ → /v/ となった他の英語を思い起こしてみたらどうでしょう。それぞれの語の音と本来の意味が一体化されるはずです。

(70) **OPT**：望ましく思い、選びとること
   opinion, operation, copy, office
   cf. opt（望む・選ぶ）、option（オプション・選択・選択の自由）、cooperate（協力する）、optimistic（楽観的な）、adopt（採用する）、copious（数量の多い）、officious（おせっかいな）、officinal（薬用の・薬局常備の）など

   〔解説〕
   何か好き勝手な、自由な思いで、営み作業をする感じをもつ語群です。日本語で「オプション」という言い方が一般化していますが、その感覚です。Basic 語の operation（作業）の意味は広いです。「作業」といえども諸々の意味でのそれです。/p/ → /f/ の派生音化も見られます。

   Basic 語の office から、officious, officinal という語も生まれました。各語の音と意味をじっくり味わっておきましょう。office は例 (27) でも別な視点から見ました。

(71) **LEU(-)** ⇒ **LEV**：心が浮き、安定すること
   belief, love, level, lift, *lever*（レバー）、*delivery*（配達・納品）
   cf. elevate（精神を高める）、elevator（エレベーター）、alleviate（苦痛を和らげる）、relief（安堵(あんど)の気持ち）、relieve（安心させる）、liberal（自由な）、liberty（自由）、deliver（配達する・分娩(ぶんべん)する）、lofty（尊大な）など

   〔解説〕
   いずれも気持ちが高揚し、浮いたような感じの意味の語群です。*lever, delivery* はプラス α Basic 語です。*delivery* は「分娩(べん)」の意味にもなります。これは [de (= off, away) + livery (= lift)] で、心配・苦痛・重荷から解放され自由になる感じがし

ます。alleviate, relief, relieve にはその感じがよく出ています。

(72) **POL ⇒ FAL**：落ちること
fall, false, *fault*（断層）
　　cf. fail（失敗する）、befall（〔不幸などが〕降りかかる）、fell（倒す）、default（〔試合などの〕欠場）など

〔解説〕
　これは印欧祖語の /p/ → /f/ で英語となった語群です。グリムの法則で、すでにいくつも例を出しました。もうかなり慣れ、抵抗はなくなってきているのではないでしょうか。fall は「落ちること」とともに、季節的な「秋」をも意味しますが、木の葉の落ちる季節ということに由来します。
　fault は「欠陥、過失」の意味ですが、科学等用語としてのプラス α Basic 語で「断層」の意味ともなります。*active fault* は「活断層」の意味です。付け足しですが、*active* は形容詞の科学等用語としてのプラス α Basic 語です。
　un-Basic 語 fail, default も原義が「落ちること」からすれば、たとえば heart failure が「心不全」、試合で default [de (= down) + fault] で勝つ・負けるは「不戦勝・不戦敗」の意味になることも納得できるでしょう。

(73) **KAD ⇒ CAS**：偶然に降りかかること
chance, *case*（事例）、*accident*（偶有性・事故）
　　cf. cascade（滝）、casual（何気ない・カジュアルな）、occasion（機会）、cadence（声の調子の下がること）、incident（出来事・事件）、coincidence（偶然の一致）、parachute（パラシュート）など

〔解説〕
　上の例（72）と似てはいますが、ここでの語はいずれも偶然に降りかかる感じの意味をもちます。イタリック体の *case* はプラス α Basic 語で、「場合、事例、症例」の意味で用います。

accident もプラス α Basic 語です。文字のなかった印欧祖語の /k/ の音素は、文字表記としては c で英語となりました。chance の /tʃ/、incident, coincidence の /s/、parachute の /ʃ/ は別にしても、他の語は祖語伝来の /k/ の音を残しています。なお、parachute は [para (= part, parallel) + chute (= fall)] です。

(74) **GRAT**：喜ばしく、満足できること
agreement, *grace*（恵み）
　cf. gratitude（感謝）、grateful（喜ばしく思う）、gratify（満足させる）、gratuity（心づけ・チップ）、gratis（無報酬で・無報酬の）、congratulate（祝辞を述べる）、gracious（親切な・恵み深い）など

〔解説〕
　Basic 語 agreement の中にも印欧祖語の GRAT の響きが感じられます。*grace*（恩恵・慈悲・恩寵・厚情・親切・善意）は韻文／聖書用語としてのプラス α Basic 語で、意味に幅があります。/gríː/, /gréi/, /grǽ/ などと聞こえてくる音がしばしば「喜ばしく、満足できること」の意味をもっています。

(75) **GENU ⇒ KNO**：丸くなった節目のこと
knot, knee
　cf. knob（木の幹のふし・ドアなどの取っ手）、knuckle（指関節・げんこつ）、kneel（ひざまずく・ひざまずく動作）、knit（編み物をする）など

〔解説〕
　ここでの語は「結び目ができる」の意味でもあります。/g/ → /k/ の例もいくつか見てきましたが、さらに /k/ → φ で /k/ が消失しました。kneel は knee + l で -l は反復の意味です。前に触れましたように、印刷術の進展で音と文字の不一致をもたらしました。歴史が垣間見られはしますが、

第二部　印欧祖語からみる850基礎語・プラスα基礎語・一般語の語源別類型　107

　　　　外国語としての英語修得を難しくしています。ただ、この本
　　　　での趣旨のようにルーツを押さえれば整理されてきます。

　印欧祖語を基に、これまで（1）〜(75) の例を見てきました。かなり慣れてきたのではないでしょうか。やはり C.K.Ogden 選定**の基礎 850 語もその多くが根底では同じルーツから来ている**ことが分かってきました。語源別・同系別に整理し直すと850語もその約¼の 200〜250 語程度の数に集約されることが、ますます明らかになってきたというわけです。語源についての解説書は多くありますが、一般には印欧祖語までさかのぼっては扱われませんので、同系語の語群が見落とされます。同系語か否かは、やはり印欧祖語までさかのぼることで、音韻・語形変化の推移とともに見えてくることになります。

　Basic English で英語の本当の意味での基本が培(つちか)ってあれば、未知の語があってもほぼどんな英文も音と一体化した語源から類推でき、理解できると思います。語彙力として850語以外に便宜的に用いることのある**プラスα語も心得ていれば、もっと理解できる部分も増える**ことになります。英語はやはり「Basic English に始まり、Basic English に終わる」とさえ言えると思えます。プラスα語は複数の分野にまたがって重複しているものもありますが、全部で約 650 語です〔巻末付録2参照〕。これらの語には音節数の多いラテン系のものが多いです。やはり多くが同系語として整理されます。

　850 語とこのプラス α 語を含めますと、C.K.Ogden の Basic English は広義には 1,500 語程度の語彙体系ということになりますが、しばしば一般に基礎語として提示される 1,500 語程度のものとは異質で、Basic English の考え方での本体 850 語を含めたこの 1,500 語は特別です。有効性がきわめて高いです。

　ところで、黒海（Black Sea）の周辺にいた印欧語族については

すでに触れたのですが、この黒海に関して有名な話があります。そもそも黒海は氷河期に氷が解けてできた淡水湖であったものが、地中海に起こった大津波のためか大洪水がもたらされ、それが地中海からエーゲ海を経て、さらにマルマラ海のボスポラス海峡を決壊させ黒海に流れ込み、それまでの淡水を海水にしたという話です。黒海の東部でイランの北方にはカスピ海（Caspian Sea）もありますが、この周辺の神話とも関わる旧約聖書・創世記の大洪水とノアの方舟(はこぶね)の記述とも絡(から)めて論じられもします。

　実は黒海にまつわるこの洪水説が知られるようになったのはまだ最近のことです。神話と科学の整合性を求めることにもなるのですが、1,900年代の末に米国コロンビア大学の2人の地質学者が発表したことで、一挙に有名になったのです。考古学的に黒海にあった貝殻の放射性炭素の年代測定から、この大洪水は今から7,000年以上前のことと言われています。ヨーロッパとアジアの境界でもある地域のボスポラス (Bosporus) は、[Bos (= cow) + porus (= way)] で「牛の通り道」の意味であることも示唆的で、黒海西部に牛などの家畜もいて印欧祖語族が狩猟・漁労・農耕の生活を営んでいたことになります。とにかく、黒海が元来は淡水湖であったことは重要な意味を持っています。

　そこで「海」や「湖」ですが、英語のそれぞれ sea, *lake* などを意味する印欧祖語はあまり明確ではありません。Basic 語の sea は古英語の sǽ から、そして科学等用語（より具体的には地質学用語）としてのプラスα Basic 語の *lake* は印欧祖語 LAKU から来たこと、さらにラテン語の lacus を経由したことは分かっています。「湖」や「入江」を意味する loch /lɔk/, lough /lɔk/, lagoon /ləgúːn/ などの語も英語にありはします。これらはいずれも子音の /l/, /k/ (/g/) (/k/ と /g/ は無声と有声の違いだけです）をもっています。loch は怪獣 Nessie（ネッシー）が現われるという伝説で知られるスコットランドの Loch Ness（ネス湖）の名にもなっています。また、「大洋」を意味する ocean はギリシャ語の ōkeanos から来ていることも

分かってはいます。

　ただし、どうやら印欧祖語族にとっては海、湖、大洋の概念上の区分けは存在しなかったようです。一説として、彼らにとって海や湖などは「霊や魂の宿る水の樽(たる)」のような認識で、今日の英語での *soul*（魂）に近いものというものもあります〔*soul* は韻文／聖書用語としてのプラスα Basic 語です〕。英語に mere（海・湖）という語もあり、これの印欧祖語 MORI は「水のかたまり、集まり」のことでした。

　冒頭の例（1）で振り出しとして「水」を扱いましたが、水に宿る霊魂に関連して、ギリシャ神話では Hydra（ヒュドラ）は「水ヘビ・海ヘビ」です。このヘビは多頭で、どれだけ頭を切ってもまた出てきました。1つ切ると2つ出てきて手に負えなかったのですが、最高神ゼウス (Zeus) の息子で怪力無双の英雄ヘラクレス (Hercules) がこれをついに殺しました。今日、英語で Hydra /háidrə/ は「手に負えない難解な問題」の意味でしばしば用いられもします。

　英語の語源を知るために他のヨーロッパ言語の知識が役立つのですが、それとともに参考となることを1つ言っておきましょう。それは 19 世紀末の 1887 年に、ポーランドの眼科医であった L. ザメンホフ (L.Zamenhof) が世界の平和を願い考案した人工言語である Esperanto（エスペラント語）の知識も、しばしば役立つということです〔そもそも Esperanto とは「希望（hope）する人」の意味から来ていて、Zamenhof のペンネームでもありました〕。Esperanto の語彙は特にヨーロッパの自然言語の語根・接辞から人工的につくられたものですので、英語などヨーロッパ語の知識があるとそれを Esperanto でならどう言うかもしばしば見当もつきます。ここでの海、湖、大洋はそれぞれ maro, lago, ocenano ではないかと推測できもします。Esperanto は決して例外のない人工言語で、名詞の語尾はすべて o です。発音はまるでそのまま書かれるとおりです。

　そこで、印欧祖語にはなくても上の海・湖を意味する英語の mere の例や、Esperanto で海が maro であるなら、語根としてはこ

れに何らか近い語形でいくつか英語になっているはずではないかと推測もできます。この本の目的は Esperanto を考えることではなく、English です。そこで海・湖の英語の例を次の（76）で見てみることとしましょう。

試問 3 〔➡ 上例（51~75）〕

1）次の a) ~ n) のそれぞれの括弧に入る<u>同系の Basic 語</u>を、下の①~⑭から１つ選ぶとどれでしょう（イタリック体はプラスα Basic 語）。

a) **root**, (　　), *radio*
b) (　　), **pen**, **pencil**
c) **question**, (　　), **request**
d) **food**, (　　), **paste**
e) **burn**, (　　), *breast*
f) **gold**, (　　), *glory*
g) **stage**, **stem**, (　　)
h) **seat**, **side**, (　　)
i) (　　), **flower**, **flame**
j) **growth**, **grass**, (　　)
k) **important**, (　　), **different**
l) (　　), **knowledge**, **normal**
m) **wheel**, **walk**, (　　)
n) (　　), **copy**, **office**

　　　　　　＊　　＊　　＊

① **blood**　　② **bread**　　③ **company**
④ **desire**　　⑤ **distance**　　⑥ **green**
⑦ **note**　　⑧ **operation**　　⑨ **punishment**
⑩ **ray**　　⑪ **support**　　⑫ **wall**
⑬ **where**　　⑭ **yellow**

2）次の a) 〜 e) の各語群の語のうち、1つ<u>同系でないもの</u>はどれでしょう（太字は Basic 語、イタリック体はプラス α Basic 語、標準体は一般の un-Basic 語）。

a) ① **shoe**　　② **skin**　　③ *sport*
b) ① **material**　② matter　　③ **stem**
c) ① **seat**　　② **sense**　　③ sentence
d) ① **blue**　　② **lift**　　③ **love**
e) ① **fall**　　② *false*　　③ flour

＜正解＞は本第二部の末尾（170 頁）

(76) **MORI** ⇒ **MAR**：海や湖のような水の集まりのこと
mark, *margin*（縁・端・岸・余白・欄外）

　　cf. mere（海・湖）、marsh（沼地）、marine（海の）、mariner（水夫）、marinate（塩漬けなどにする）、merge（溶け込む・合併する）、emerge（表面に現われる・台頭する）、emergency（緊急事態）、mermaid（人魚）、remark（述べる・所見）など

〔解説〕
　すべて「水」から来ている語で印欧祖語は MORI ですが、推定派生語根としてここでは MAR を併記しておきます。Basic 語の mark は、元は「水準のこと」から来ています。mere は少し詩的な言い方の響きがあります。いずれにせよ、淡水から地中海の大洪水で海水となった黒海の貝殻からは印欧祖語族にとってその後、海の幸も生活の１つの糧であったことが分かります。*margin* はプラスα Basic 語です。

　日本では東京の品川区と大田区にまたがった海辺（東京湾）に近い一帯に、1877 年（明治 10 年）に米国人の動物学者 E. モース (E.Morse) により発見・発掘された有名な大森貝塚があります。ここが後期〜晩期縄文時代の貝塚として日本の考古学の発祥の地となったと言われています。

　今日、大森貝塚（遺跡庭園）にはモースの記念碑も建っています。私は初めてここに立ち寄ったとき、「縄文土器」のことをモースが cord-marked pots のように呼んだ〔これは Basic English でもあります〕ことから日本語で「縄文」という名称となったことや、同じ先史時代のはるかヨーロッパの黒海からアジアにまたがった土地で、きわめて限られた概念しか有していなかった印欧祖語族の言語による意思疎通と生活ぶりなどに思いを馳せました。

(77) **SLEID ／ SLEUB** ⇒ **SLID**：なめらかで、滑ること
slip, slope, sleep, *slide*（顕微鏡の検査物を載せるガラス板・ス

ライド）

　cf. sleigh（そり・そりに乗る）、sled（小型のそり）、sleeve（袖）、slender（すらりとした・ほっそりした）、slim（細い・スリムな）、slimy（ねばねばした）、sloppy（じくじく濡れた・〔飲食物などが〕水っぽくまずい・ずさんな）など

〔解説〕

　/sl/ の音の響きをもつ語群で、/sl/ は「なめらかで、滑ること」を意味します。sleep（眠ること）もそういう感じです。/l/ は音声学では有声歯茎側音と言いますが、舌先が歯茎に軽く触れるとともに、舌の両側面からなめらかに流れるように出る音で流音とも言われます。第一部で「流れること」を意味する /fl/ を見ましたが、/l/ の入った /sl/ も流れる感じの意味として共通です。なお、*slide* はプラスα Basic 語です。

(78)　**SAL** ⇒ **SULT**：跳びつき、はねること

salt, *salad*（サラダ）

　cf. salmon（サケ）、salary（給料）、salient（突出した・跳躍した）、salami（サラミソーセージ）、sauce（ソース）、sausage（ソーセージ）、result（結果・結果となる）、insult（侮辱・侮辱する）、assault（攻撃・攻撃する）、resilient（弾性のある）など

〔解説〕

　すべての語が、実は「塩」とも関係がある点はポイントです。Basic 語の salt（塩）がまさにそれです。塩の味覚としての辛さの刺激で「跳びつく」という感じです。*salad*（サラダ）はプラスα Basic 語です。サラダを食べるとき、sal とともに語源の「塩」と「跳びはねること」を思い出すようにしてみてはどうでしょう。

　salmon は急流を跳びはねる魚です。salary は古代ローマの兵士が、塩を買うために給料として銀貨が与えられたことか

ら来ています。印欧祖語 SAL の音の痕跡を残し 13 世紀に salary という英語になりました。また、SAL は SULT としても派生し、いくつかの英語が生まれました。「結果」を意味する result は、跳ねて出てくるものが結果であるという考え方です。

(79) **EU ⇒ VAC**：無のこと
　　waste
　　cf. want（欠乏・望む）、waist（腰）、vacant（空の）、vacate（空にする）、vacuum（真空）、vacation（休暇）、evacuate（避難する）、vanity（虚栄）、vain（無駄）、vanish（消滅する）、vast（広大な）、void（無効の）、avoid（避ける）、inevitable（避けられない・必然の）、devastate（荒廃させる）など

〔解説〕
　Basic 語の例が 1 語のみですが、この語群に同系として分類される英語は多いです。want は「欠乏していること」が「欲しくなること」とも結びつきます。waist は日本語のいわゆる「腰」とは少し違い、「腰のくびれ」ととらえておくとよいです。腰のくびれは骨のない部分です。

　なお、「腰が痛い」と言うときの「腰」は英語では Basic 語の back であり、それも「下部の背中 (lower back)」のことです。したがって I've got a pain in the lower back. などと言います。もう少し下が un-Basic 語の hips です。座ったときに触れる部分は un-Basic 語の buttocks です。Basic 語で seat とも言えます。

　印欧祖語の EU からは、まるで想像できないような語根 VAC ですが、こういう例もあります。さらに半母音 /w/ → /v/ とも派生音化していますが、この例はすでにたびたび見てきました。母音交替もあります。慣れで抵抗はもうないのではないでしょうか。vast の「広大な」からは、一方で「何

もないこと」であることも理解されるでしょう。

(80) **KAND** ⇒ **CAN**：空(から)のこと

canvas

cf. can（缶）、candle（ろうそく）、canal（運河）、canoe（カヌー）、candid（率直な）、candor（公正・公平）、candidate（立候補者）、camp（野営・キャンプ）、campaign（野戦・キャンペーン）、campus（〔大学などの〕構内・キャンパス）、cane（茎・杖）、canteen（水筒）、channel（海峡・水路）など

〔解説〕

意味的に上の（79）の「無」と似た例です。印欧祖語の /k/ は文字としてはほとんど c の表記で英語となりました。channel のように /tʃ/ となった語も少しあります。すべて空(から)の意味で、色彩的には白です。candidate は中世のローマ時代に、執政官に立候補する人が白衣を着て率直さ・公正さを訴えたことから来ています。camp, campaign, campus には閑散とした空間イメージがあります。

(81) **BERD** ⇒ **BARRA** ⇒ **BAR**：細長い木材のこと

board, *bar*（酒場・棒・横木・カウンター）

cf. border（国境）、barricade（バリケード）、barrier（障害）、embarrass（当惑させる）など

〔解説〕

印欧祖語は正確には BHERDH が定説でもありますが、ここでは簡素化するため印欧祖語に特徴的な摩擦音 /h/ となる2つの H は省略した表記としておきました。これは語根として BAR にもつながります。Basic 語の board（板）と、元の意味が「横木」のプラスα Basic 語 *bar* は祖語の音の痕跡をとどめていますし、un-Basic 語の例にもそれぞれその面影が感じられます。embarrass は [em (= in) + barrass (= board)]

で、「中に障害物の板を入れること」の意味と理解しておくことは、こういう語の語感がよくつかめることになります。

(82) **KLAU ⇒ CLUD**：閉じ込めること
   cloth
   　cf. conclude（締めくくる）、exclude（除く）、include（含める）、occlude（ふさぐ・邪魔する）、disclose（明らかにする）、close（閉める・近い・近くに）、closure（閉鎖）、closet（戸棚）、cloze（穴埋め式の）、clothe（着る・着せる）、clause（法律などの条項・文の節）など

   〔解説〕
   　接頭辞付きでいくつか英語となっています。conclude は [con (= with, full) + clude (= shut)]、occlude は [oc (= over) + clude] です。印欧祖語の /k/ は音としてはそれを残しましたが、文字としては c で英語となりました。cloze は、cloze test と言えば「読解力テスト」のことです。文中でほぼ同間隔の空所に穴埋め式で語を挿入していくもので、読解力を推し測る手早い方法の１つです。

(83) **LEUK ⇒ LUM**：明かりのこと
   light
   　cf. illumination（照明・イルミネーション）、luminous（輝く）、lunar（月の）、lunatic（常道を逸した・変人・狂人）、luster（光沢）、illustration（挿絵・イラスト）、lucid（透明度のある）、lux（ルクス・明るさの単位）、enlighten（啓発する）、lightning（稲妻）など

   〔解説〕
   　Basic 語の例はこれも１語のみですが、重要な語根をもつ語群です。illumination は [il (= on) + lumin (= light) + ation] で、illustration も [il (= on) + lustr (= light) + ation] でまったく同

じになります。前者は「上に光をあて照らすこと」、後者は「上に光をあて明らかにすること」のような意味と考えたらどうでしょう。ここでの語はどれも分かりやすいと思います。

(84) **LEU ／ SOL**：解きほぐすこと
  loose, loss, *solution*（溶解・解決）、*solvent*（溶剤・溶媒）、*resolution*（解析・分解）
  cf. relax（ゆったりする・リラックスする）、release（解き放す）、lease（賃貸借・賃貸借する）、slack（緩める）、analysis（分析）、solve（解く）、resolve（決意する・決意）、dissolve（溶かす・溶ける・解散する）、absolute（絶対的な）など

〔解説〕
　印欧祖語が上の例（83）と似てはいますが別で、ここでは SOL も異形としておきます。*solution, solvent, resolution* はともにプラス α Basic 語です。relax は [re (= back) + lax (= loose)]、release も [re (= back) + lease (= loose)] です。slack は [s (= off, away) + lack (= loose)] ということです。analysis は [ana (= full, complete) + lysis (= loose)]、solve は [so (< se = off, away) + lve (= loose)]、resolve は [re (= back) + solve]、dissolve は [dis (= off, away) + solve] です。また、absolute は [ab (= against, opposite) + so (= off, away) + lute (= loose)] と細かくも分解され「解きほぐさないこと」になります。

　なお、Basic 語 loss は空間詞 to と共起します。たとえば Their loss was to the Giants. であれば「彼らはジャイアンツに負けた」の意味です。こういう to が浮上する点も、日本人にはやや難しいですので注目しておきましょう。

(85) **DHGHEM ⇒ HUM**：土のこと
  humo(u)r

cf. human（人間の）、humanity（人間性）、humid（湿った）、humiliate（屈辱を与える）、humble（謙虚な・質素な）など

〔解説〕

　元の印欧祖語が長いですが、子音 /h/, /m/ は今日の英音の響きに受け継がれています。Basic 語の humor や un-Basic 語の human, humanity, humid は語頭の /h/ が消失し、/júː/ や /juː/（humanity の場合）ともなります。humor は日本語のいわゆる「ユーモア」とは少し意味が違い、「気質・気性」の意味ももっています。英語に Every man has his humor.「十人十色」という言い方もあります。

　ここでの語はすべて原義が「土」であることは重要な点です。土の湿気の意味も含んでいます。humid はまさにその意味です。ユダヤ・キリスト教的には人間（アダムとイブ）は土から造られ生命ある存在となったこと、したがって最後は土に帰るという考え方とも符合します。「謙虚であること」を意味する humble は高い「天」ではなく、低い「地」であることと結びつきます。

(86)　**BHENDH ⇒ BINE**：束ねて結びつけること

band, bent, *combination*（結合）、*combine*（企業合同）

　cf. bend（曲げる・曲がる）、bind（結ぶ）、bundle（束ねる）、bandan(n)a（バンダナ・スカーフ）、bond（接着剤）、bound（義務づけられた）、boundary（境界）、ribbon（リボン）など

〔解説〕

　これも長い印欧祖語ですが、語根の BINE は数的な「２」の意味とも関係しています。先の例（42）で別の観点から見たのですが、科学等用語としてのプラス α Basic 語 *combination, combine* をここでも例として出しておきます。*combine* は Basic English では名詞です。束ね結びつけることは「２」を「１」にすることで、[com (= with, together) + bine (=

two, to put together)] と分解でき、それをよく示しています。

　ここでの語群でも母音交替が見られるのは他の例と同じで、ribbon などもここに分類される同系語です。それぞれの語を文字どおり結びつけ、本来の語感を磨いていくのです。

(87) **LEGH ⇒ LEG ／ LEG ⇒ LECT**：選んで見えるように下に置くこと

low, law, selection, *layer*（層・階層）

　cf. lie（横たわる）、lay（横たえる）、layout（配置・割り付け）、lair（巣・ねぐら）、legal（法律上の）、delegate（代表）、elegant（エレガントな・洗練された）、catalog(ue)（カタログ）、logic（論理）、legitimate（合法的な・正当な）、legislator（立法者）、legend（伝説）、diligent（勤勉な）、neglect（無視する）、lecture（講義）、collect（集める）、recollect（回想する）、intellectual（知的な）、lexicon（語彙集）、lesson（レッスン）、elite（エリート）、fellow（仲間）など

〔解説〕

　印欧祖語の異形も提示しておきました。少し難しいでしょうか。じっくり考えてみてください。「選ぶこと」が「集めてみて下（基底・基礎・ベース）に見えるように置いてみること」となり、さらにそれが「選び定めたものを読んで言葉で示すこと」のような意味にまで幅広く拡張しました。

　Basic 語の low（低い）、law（法律）、selection（選択）、さらに un-Basic 語の lecture, lexicon, lesson などからそのあたりの事情が読み取れるのではないでしょうか。この語群からも各々の語のもつ語感をつかみ取ることができます。語そのものに愛着がもてるようになってきます。なお、*layer* はプラス α Basic 語です。

(88) **SKAND** ⇒ **SCEND** ／ **SCAN** ／ **SCAL**：少しずつよじ登ること
scale

　cf. escalate（徐々に拡大する）、ascend（上る）、descend（下りる）、descendant（子孫）、scan（ざっと見る・走査する）、scandal（悪評・スキャンダル）など

〔解説〕

　/k/ の音が文字としては c で英語となりましたが、基本的にそのまま /k/ の音は残しています。上の例（82）と同じです。先に（6）の例で触れておきもしましたが、scale はここでの「よじ登ること」の意味では Basic 語ですが、「殻」の意味では科学等用語としてのプラス α Basic 語です。巻末の Basic 語彙一覧で改めて確認されるとよいです。

　語彙一覧を何度もその都度見てみるのです。ただ、一方で確信のない状態でその都度の見開きではなく、初めからすべて取り込んでしまったほうが実は手早いです。i) 本体の 850 Basic 語、ii) プラス α Basic 語、そして iii) それ以外の一般の un-Basic 語の区分け上の輪郭を明確にするのです。自信がもてるようになり、英語の力も一気に飛躍します。

(89) **DER**：足で軽く踏んで歩くこと、小走りすること
trade, *trap*（不用物の除去装置・わな）

　cf. tread（とぼとぼ歩く）、trip（軽快に歩く・つまずく・旅行）、traffic（往来・交通）、tramp（てくてく歩く）、trot（小走りする・小走り）、trampolin(e)（トランポリン）、teeter（シーソー・ぐらついて歩く）など

〔解説〕

　先の例（23）で足を踏む意味の似た例を扱いましたが、ここでの例はニュアンスが少し違います。一般的にやや軽快な感じで歩く意味ですが、tramp などはやや重い足取りの感も

あります。印欧祖語の /d/ の音は /t/（/d/ → /t/）となり英語になっています。これも一般的な音派生でした。Basic 語の trade は例（7）でも扱いましたが、「荷物を引っ張ること」→「足を踏んで歩くこと」→「移動の道」の意味となり、その道が「水路」や「航路」などともなり、さらにそこを通っての「交易、貿易」の意味ともなりました。また、trip の本来の語感を原義からつかんでおいてください。

(90) **WAL ⇒ VAL**：力のあること、強いこと
value, *valency*（結合価）
　　cf. evaluate（評価する）、available（利用できる・入手できる）、valid（有効な）、prevail（打ち勝つ・優る）、valiant（勇敢な・断固とした・勇敢な人）、valo(u)r（勇気・勇敢さ）、invalid（根拠のない・説得力を欠く・病弱な・病人）など

〔解説〕
　この語群の語は印欧祖語 WAL の語頭の音 /w/ がまたも /v/ へ派生し、語根 VAL となったことがよく分かる例です。/w/ → /v/ の派生音化の例はもういくつも出てきました。中世期にこのラテン語系の /v/ から今日の英語がいくつも生まれました。available は英語で頻繁に用いられる大変便利な語です。invalid は [in (= not) + valid (= value)] ですが、アクセントの位置は形容詞としては第二音節にあり /vǽ/ となります。名詞としての「病人」の意味ではアクセントは第一音節に移動し /ín/ となります。
　なお、イタリック体の *valency* は少し専門的にもなりますが、科学等用語としてのプラスα Basic 語です。参考までに、たとえば言語学のほうに valency grammar（結合価文法）というものがありますが、動詞は化学結合のように結合する名詞の数と関わっているという理論です。

(91) **APO ⇒ POS ／ PON**：置くこと

position, opposite, *post*（郵便・郵便ポスト）、*deposit*（預金・手付金）、*component*（構成要素）

　cf. apposition（並置・並列・同格）、pose（姿勢をとる）、suppose（想像する・仮定する）、composition（構成・組立・文章構成法）、dispose（配置する・配列する）、disposition（配置・配列）、disposal（処理・処分）、posture（姿勢）、opponent（対抗者・反対者）、postpone（延期する）など

〔解説〕

　先の例 (87) のように、この語群に分類される語根 POS, PON も「置くこと」の原義をもっています。この語根は比較的よく知られてはいますが、語群の広がりに注目しましょう。*post* は国際的語彙としての、また *deposit, component* は科学等用語としてのプラス α Basic 語です。慣れで他の語根も同じように常識的に把握できるようになればよいわけです。

　「想像する、仮定する」を意味する suppose [sup (= under) + pose (= to put, position)] などもこの語群に分類されます。名詞形は supposition です。「下（基礎）に置くこと」が「想像、仮定」の意味となるのは興味深いです。

(92) **SEK ⇒ SECT**：切って分けること

insect, sex, *section*（区分）

　cf. intersect（交差する）、dissect（切り離す）、sector（分野・部門）、segment（切片）、segregate（隔離する）など

〔解説〕

　印欧祖語は先の例 (39)、(40) の SEKW と系列は同じですが、この例は「切ること」の意味を含んでいます。Basic 語の insect（昆虫）は [in (= in) + sect (= cut)] で体に刻み目、切り込みのある虫ということです。sex（性）は性別上の男女の分割ということになります。この語群は分かりやすいで

しょう。*section* はプラス α Basic 語です。

　付け加えですが、「切ること」を意味する語根に TOM もあります〔印欧祖語は TEMə でした〕。atom（原子）、anatomy（解剖・解剖学）、tomography（X線断層写真撮影）、custom（習慣）、customer（顧客）、*customs*（税関）などがあります。atom は [a (= not) + tom (= cut)] で、「それ以上は分割できないもの」の意味です。イタリック体にした *customs* はプラス α Basic 語です。custom, customer, *customs* には共通に「習慣性」の意味があります。

　税関 (*customs*) での税の取り立ては「お決まり事・習慣 (custom)」のように考えればよいです。なお、costume（衣装）も同系語です。税関の元は、旅人が通行する検問所で役人が織物などを切ってそれを税としたことが習慣となりました〔例 (11) 解説参照〕。その税の値は概算でもあり、estimate（概算・概算する）などの中にも語根 TOM が見え隠れします。

(93) **PERə ⇒ PAR**：部分に分け、並べること

part, parcel, separate, parallel, comparison, apparatus, *empire*（帝国）、*imperial*（皇帝）、*particle*（微粒子）、*partner*（共同経営者・共同出資者・仲間）、*parent*（親）、*pair*（一組・一対）

　cf. par（同等）、particular（特別な）、participate（参加する）、partake（分かち合う）、party（パーティー）、paragraph（段落・パラグラフ）、paraphrase（言い換える）、partial（部分的な）、departure（出発）、apartment（アパート）、department（部署）、parasite（寄生虫）、parade（パレード）、parameter（パラメーター・媒介変数）、parachute（パラシュート）、Paralympics（パラリンピック）、prepare（準備する）、disparity（不等・不均衡）、repair（修理する）、appear（現れる）、peer（貴族）、parlor（談話室・パーラー）、parable（たとえ話・寓話）、parole（宣誓・言˙・仮釈放）、Parliament（英国国会）など

〔解説〕

　分ければそれは全体の部分となります。音が /pá:r/, /pǽ/, /pə/ などと響き、意味が部分を分かち合うような感じのある語群です。*empire, imperial* はプラスα Basic 語で、前に例（33）でやや別な視点から見ました。ここでは支配権・支配地の分割の意味との関わりで考えます。PERə などの母音 /ə/ はすでに見てきましたように、印欧祖語に一般的な音でもありました。

　Basic 語の parcel（小包）は [par (= part) + cel (= small)] です。*particle* も [parti (= part) + cle (= small)] ということで、まったく同じになります。プラスα Basic 語です。*partner, parent, pair* もプラスα Basic 語です。*parent* には父と母の区分があります。

　un-Basic 語の departure は [de (= off, away) + part + ure] ですので、部分に分かれることから「出発」の意味になることも納得できます。parasite は「座ること」の分類から例（63）で見ましたが、para からは「部分のこと」にもなります。parameter を例に挙げましたが、Basic English も英語の一種のパラメーターとも言えるでしょう。parachute は「降りかかること」の分類から例(73)で見ました。Paralympics は [Para (= part, parallel, etc.) + lympic (< Olympus) + s] で、Olympus は神々が住んだとされるギリシャの最高峰の山の名です。peer は王家との関わりで考えれば理解できるでしょう。

　ここでの印欧祖語 PERə の「部分を分かち合うこと」が「話し合うこと」ともなり、parlor, parable, parole, Parliament などの語も生まれました。

(94)　**MEI ⇒ MIN**：小さいこと、細かいこと

minute, (minus)

　cf. menu（メニュー）、mince（細かく刻んだ肉・〔肉などを〕細かく刻む）、mean（卑しい）、minister（大臣）、administer（行

政を執り行う)、miniature（ミニチュア・模型）、minimum（最小）、minor（小さい方の）など

〔解説〕

　これも全体を部分に分ければ小さくなりますが、すべて「小さいこと」を意味する語です。minute は /mínət/ と発音すれば時間的な「分」の意味として Basic 語ですが、/mainjúːt/ と発音すると「些細な、細かい、詳細な」の意味であり un-Basic 語となります。ただし、どちらも「小さいこと」を意味するという点ではやはり同じです。minus は記号化もされるもので、Basic English の範疇に入る語です。括弧付けとしておきました。例（30）では反対の plus（プラス）も取り上げました。mean は、例（28）では *mean* として見ました。

　minister の「大臣」は日本語では漢字が「大」ですが本来の原義は「小」で、「国政などに仕える召使」の意味です。上位には国王（*king*）などがいます。administer は [ad (= to) + minister (= servant)] ということです。なお、*queen*（女王）は、元来は単に「女性、国王の妻」の意味でしたが「女王」の意味にまで成り上がりました。*king, queen* はともにプラス α Basic 語です〔*king* は例（49）で扱いました〕。

(95) **KOM** ⇒ **CONTRA**：向かい合っていること

country, control, account

　cf. counter（カウンター・勘定台・計算機）、encounter（出会う）、counterfeit（偽造の・偽造する）、controversy（論争）、contrast（コントラスト・対照）、contradict（矛盾する）など

〔解説〕

　country とは都会・町 (town) の反対側にある土地のことで、「田舎」の意味にもなります。したがって、その広がりとしての「国土、国」の意味にまでなりました。control は [cont (= against, opposite) + rol (= roll)] で、「反対方向に転がす」が原

義です。account（計算・説明）もこの語群に分類されます。
　「カウンター、勘定台」の counter が「向かい合っていること」の意味であることは、たとえば店などの中の配置からも納得できるでしょう。counterfeit は [counter + feit (= to make, do)]、controversy は [contro + versy (= turn)]、contrast は [contra + st (= to be up)]、contradict は [contra + dict (= to say)] で、それぞれ後ろの語根部に関してはこれまでにすべて見てきました〔例 (27)、(44)、(62) など〕。

(96)　**NEAH**：近いこと
　　near, connection, *neighbo(u)r*（隣人）
　　　cf. next（最も近くの・次の）、annex（隣の館・別館・アネックス）など

〔解説〕
　注目しておいてよい点は、印欧祖語 NEAH の比較級 NEAHR（より近い）から英語の near となり、最上級の NEAHST（最も近い）から英語の next となったということです。したがって Basic 語 near の最上級 nearest の意味が、un-Basic 語の next の意味であることになります。たとえば The man seated nearest to her is John. であれば、「彼女の次に座っている人がジョンである」です。なお、プラス α Basic 語 *neighbo(u)r* は例 (35) でやや異なる観点から見ました。

(97)　**STER**[1] ⇒ **STRA**：広げること
　　street, stretch, straight
　　　cf. strategy（戦略）、straw（わら・麦わら）、strew（まき散らす）、stray（さまよう・わき道へそれる）、stratum（層・地層）、stride（大股で歩く・大股）、straddle（大股で歩く・両脚を広げる・〔場所などが〕～にまたがる）、struggle（奮闘する・もがく）、strait（海峡）など

〔解説〕

　印欧祖語の STER から英語になった語として Basic 語の street（街路）がこの語群に入りますが、例（4）でも扱った stretch, straight も根元ではここでの印欧祖語とつながっている同系語と言えますので、例として出しておきました。street の語感をつかんでください。石を敷き詰めて「広げる」感じです。straw も「広げるもの」という原義をもっています。

(98)　**STER** [2] ⇒ **STRU**：築くこと、建てること
　structure, destruction, instrument, industry, *restaurant*（レストラン）
　cf. construct（建設する）、obstruct（妨害する・ふさぐ）、instruct（教える）、industrial（工業の・産業の）、industrious（勤勉な）、restore（回復する・修復する・再建する）など

〔解説〕

　上の例（97）とも関連はある語群で、STER [2] としておきます。この印欧祖語から多くの英語が生まれました。Basic 語の instrument（道具）は元来は建築に用いるものでした。法律用語では「法律文書」の意味にもなります。また、industry は「勤勉」の意味が先にあったのであり、「工業、産業」は「勤勉さにより組織的に築き上げられたもの」という意味で拡張されました。形容詞形は industrial と industrious の二叉に分かれます。*restaurant* はプラス α Basic 語で、疲労などを「回復する場所」が原義です。un-Basic 語の restore ともつながっています。

(99)　**PETə**：広がり、通り過ぎていくこと
　past, expansion, *passport*（パスポート）、*patent*（専売特許・パテント）、*petal*（花びら・花弁）、*sepal*（花びらの萼片）
　cf. pass（通り過ぎる）、expand（拡張する・伸ばす）、

compass（コンパス）、passage（通過・文の一節）、pace（歩調）、passenger（乗客）、trespass（不法侵入する）、paella（〔スペイン料理の〕パエリヤ）など

〔解説〕

passport, patent は国際的語彙としてのプラス α Basic 語です。印欧祖語の母音 /e/ を残しているのはここでは *petal* /petl/, *sepal* /sepl, si:pl/ ということになります。*petal, sepal* は科学等用語としてのプラス α Basic 語で、生物学上の文脈で用いられます。trespass は [tres (= across) + pass (= to go)] です。paella は日本人にもよく知られるスペイン料理ですが、スペイン語からそのまま英語に入りました。「大皿の上に広がる料理」のように考えればよいでしょう。

(100) **G^WA ／ G^WEM ⇒ VEN**：来ること、往来すること
come, (become), event, invention

cf. convenient（便利な）、adventure（冒険）、venture（冒険的事業・投機）、vent（通風・通気・排気孔）、advent（到来・[A~] 神の到来）、intervene（介入する）、revenue（歳入）、souvenir（土産・記念品・形見）、prevent（妨げる）、avenue（大通り）、venue（〔スポーツなど〕イベントの開催地・場所）など

〔解説〕

この語群に入る英語もきわめて多いです。やはり /w/ → /v/ となりました。become は例 (35) でも括弧付けで出しておきましたが、be + come の合成語として Basic English では広く用います。event は [e (= out) + vent (= to come)] です。venture は adventure の語頭消失による短縮語です。advent は語頭を大文字書き [A~] とすると、特別に「神の到来」の意味となる語でもあります。

souvenir は sou [(< sub = under) + venir (= to come)] から来

ています。また、avenue と先の例（97）での street との本来的違いも語源が示しています。「イベントなどの開催地」の venue は英語で頻出する語です。

　これまで 100 例を見てきました。太字書きの 850 Basic 語はすでに約 380 語出てきましたので、45％ ほどの語を各語群に一括分類したことにもなります。サバイバルのための生活に密着した簡素な意味をもつ先史時代の印欧祖語にまでさかのぼり、C.K.Ogden 選定の 850 Basic 語の原義からその本来の語感をつかむとともに、それを基に他の語彙を取り込んでいく手法の趣旨も見えてきたのではないでしょうか。

　すなわち、**印欧祖語を振り出しに、850 Basic 語、そしてそれ以外の語の語群を原義から見ていき、共通の意味をとらえる**のです。印欧祖語の語形は、音韻の面からも大いに参考となります。**各語の強勢のかかる音節中の特に初頭子音に印欧祖語の痕跡をとどめているものが多い**です。そして**母音の派生は一般的に意味とは特別に関わらない**と言いました。

　英語語彙を簡素で素朴な原義から一括してとらえておけば記憶に残り、忘れなくなります。ややもすれば無味乾燥に思われた英語の単語に、愛着がもてるようになってきます。折に触れ、さまざまな単語のまずは語源・原義を知ろうと辞書などをその都度ひも解く習慣が身につけば、もうしめたものです。語彙力はメキメキついてきます。あとは英語全体の学び方での要領（コツ）を身につければよいわけです。

　試問　4　〔➡ 上例（76～100）〕
　　次の①～⑩の各語の構成要素分解で、それぞれ括弧の中に示した文字で始まり、同じ意味となる名詞または形

容詞の Basic 語を入れると何でしょう（太字体はすべて Basic 語、標準体はすべて un-Basic 語）。

① embarrass ＜ em (= **in**) + barrass (= **b**　　)
② conclude ＜ con (= **with, full**) + clude (= **s**　　)
③ illustration ＜ il (= **on**) + lustr (= **l**　　) + ation
④ relax ＜ re (= **back**) + lax (= **l**　　)
⑤ invalid ＜ in (= **not**) + valid (= **v**　　)
⑥ suppose ＜ sup (= **under**) + pose (= **p**　　)
⑦ **insect** ＜ in (= **in**) + sect (= **c**　　)
⑧ **parcel** ＜ par (= **p**　　) + cel (= **s**　　)
⑨ administer ＜ ad (= **to**) + minister (= **s**　　)
⑩ **control** ＜ cont (= **against, opposite**) + rol (= **r**　　)

＜正解＞は本第二部の末尾（171 頁）

(101) **AK ⇒ AC**：鋭いこと
acid, edge

cf. acute（鋭い）、ache（痛み・痛む）、acrid（〔味などが〕ぴりっとする・〔言葉などが〕とげとげしい）、acme（極致・絶頂）、ax（斧）、acupuncture（鍼療法）、acrobat（曲芸師・アクロバット）、eager（熱心な）など

〔解説〕

acupuncture は [acu (= sharp) + puncture (= point)] ということです。/k/ が /g/（/k/ → /g/）となり eager などの語も形成されましたが、この語の語感をつかみましょう。いずれの語も何か鋭さの感じを与えます。

(102) **POTI**：見えない力のこと
power, possible

cf. potent（力強い・効力のある）、potential（潜在能力の）、possess（〜に支配的にとりつく・所有する）、possession（占有）など

〔解説〕

possible に対して、同じ Basic 語に probable（多分）もありますが意味は少し違います。ここでの語群ではありません。probable は [prob (= to give approval) + able] で、「承認できること」のようなニュアンスをもっています。したがって possible（可能である）より意味が強いです。probable は確率的には 50% 以上と言えます。possible は 10 〜 20％と考えてよいでしょう。確率は意外に低いです。not possible から、さらに impossible で確率 0％となります。

possess は例（63）で扱いましたが、ここでは少し観点を変えて見ておくとよいです。possess は [pos (= power) + sess (= to be seated)] ということでもあり、「power（力・権力）のある人が座る」が原義です。目に見えない抽象的な power（権

力）は人間社会で越権行為、権力の暴走、独裁などを生みやすくなります。そこで人間に与えられる目に見えない力の power や、次の例で扱う強制的な力の force による支配ではなく、立法による法 (law) の支配という考え方が社会に生まれました〔law に関しては例（87）で見ましたが、low（低い）とも同系語でした〕。ただ、この法の意味解釈をめぐっては難しい問題へとしばしば発展します。第一部で参考とした日本国憲法九条の意味解釈などは、まさにその一例です。possession は場合により「植民地」の意味にもなります。

(103)　**BHERGH ⇒ FORT**：見える力のこと

force, comfort, *effort*（努力の成果・業績・努力）

　cf. enforce（補強する・施行する）、fort（砦・要塞）、fortress（大要塞）、fortitude（不屈の精神・毅然たる態度）、forte（得意・強み・強音部・フォルテ）、fortune（富）、afford（余裕のある）、pianoforte（ピアノ）など

〔解説〕

　上の例（102）の見えない力を意味する語に対して、ここではもう少し具体的・物理的に見える力、感じられる力を意味する語です。印欧祖語の /b/ が /f/（/b/ → /f/）の音で英語となった語群です。プラスα Basic 語の *effort* や un-Basic 語の fortune, afford などもここに分類されます。

　なお、pianoforte は例（29）で扱った「平たいこと」を意味した印欧祖語 PELə¹ と結びついた *piano* と、「変音（フラット）」の意味が関わっています。*piano* はプラスα Basic 語ですが、そもそも *piano* は pianoforte の短縮語です。[piano (= soft sound) + forte (= strong sound)] ということで、piano（弱音）と forte（強音）を自由に出す楽器の意味となります。

(104)　**LEIP ⇒ LIV**：残して、そのままにしておくこと

living, *life*(生命)
　　cf. leave(残しておく・立ち去る)、lively(元気な・生き生きとした)、delay(遅れる)、relay(要員の交替・〔伝言などの〕転送・スポーツのリレー)など

〔解説〕
　生命や信条は「残っているもの、残してあるもの」です。*life* は韻文／聖書用語としてのプラスα Basic 語です。delay, relay などに印欧祖語 LEIP の母音 /ei/ が響きます。

　leave を「立ち去る」と真っ先に理解されがちですが、元の意味は「残すこと」です。「立ち去ること」も「元の場所を残しておくこと」です。leave は、たとえば I will leave Tokyo for Yokohama tomorrow.「明日、私は東京から横浜へ向かいます」のように用いますが、Tokyo を後に残しておくこととなります。I will leave it to you.「それはあなたに任せます」であれば、it が相手側に残ります。I left my heart in San Francisco.「私はサンフランシスコに心を残した」は、まさに heart を残した意味です。歌の題名にもある英語です。

　living や *life* を引き合いに出しましたので、次に関連のある例を 2 つ扱っておきます。

(105)　**G^wEI ⇒ VI ／ VIV ／ VIT ／ BI (O)**：生きていること
quick, *biology*(生物学)
　　cf. viable(生存に適した)、vivid(活気のある)、vivify(活気づける)、survival(生存)、revive(復活する)、vivacious(元気いっぱいの)、vital(重要な)、vitamin(ビタミン)、victual(s)(食糧)、biochemistry(生化学)、biography(伝記)、biopsy(生体組織検査)、antibiotics(抗生物質)など

〔解説〕
　印欧祖語の G^wEI は大きく変異し今日の英語となりました。/g/ の音の痕跡が見られません。Basic 語の quick /kwik/

には祖語の /w/ の音が残り、それが響きます。quick（速い）は印欧祖語の原義からは「生気のある、生きている」です。*biology* はプラス α Basic 語ですが、語根の初頭子音が /g/ → /v/ → /b/ と変異し vi は bi(o) ともなりました。

victual(s) は /vítl(z)/ と発音され、飲食物 (food and drink) の意味となりました。古風な響きがありますが、英語として味のある語です。biography は本人の書いたものではなく他人が書いたものです。本人の書いたものは autobiography（自伝）であり [auto (= self) + bio (= living) + graphy (= writing)] です。biopsy は [bi (= living) + opsy (= test)] ということです。bio の -o- はギリシャ系・ラテン系の複合語を作るいわゆる音便 (euphony) [eu (= good) + phony (= sound)] です。

(106) **WEG ⇒ VIG／VEG**：生き生きとしていること
awake, watch, waiting, *velocity*（速度）

　cf. vigilant（油断のない・眠らず見張っている）、vigilance（警戒・不眠症）、vigor（活力）、vegetate（植物が成長する）、vegetable（野菜）、vigil（徹夜）、vigor（活力）など

〔解説〕

　上の例（105）と意味はきわめて似ています。印欧祖語の音 /w/ の残った awake（目覚めている）、watch（監視・時計）、waiting（待っている）が Basic 語です。waiting の原義は「待ち伏せしている、見張っている」です。ここでは /w/ → /v/ が顕著であると同時に、印欧祖語の /g/ の残った vigor、さらに /dʒ/ となった語も英語に組み込まれました。

　vegetable は [veget (= living) + able] で、「活力を生む野菜」が原義です。ただし、一方でいわゆる「弱々しい植物人間」の意味にもなります。速さを意味する *velocity* が「生き生きとしていること」と結びつく点も興味深いではありませんか。これはプラス α Basic 語です。さらに例を見てみましょう。

(107) **KED ⇒ CED ／ CEED ／ CESS**：進行すること

process, necessary, *successive*（継承の）、*accessory*（副成分の・副次的な）

cf. procedure（手続き・手順）、concede（譲歩する）、succeed（成功する・継承する）、success（成功）、succession（継承）、concession（譲歩）、recession（後退）、access（近寄る・アクセスする）、excessive（過度の）など

〔解説〕

印欧祖語の /k/ は /s/ と音変異し英語となりました。necessary は [ne (= not) + cess (= to go) + ary] で、「譲歩しない、譲れない → 必要である」ということです。*successive* と *accessory* は科学等用語としての形容詞のプラスα Basic 語です。*successive* は [suc (= under) + cess (= to go) + ive] です。succeed も [suc (= under) + ceed (= to go)] ということになります。succeed に「成功する」と「継承する」の2通りの意味があることは語根から理解できます。

付け加えですが、CED, CEED, CESS の「進行 (to go) すること」に関連し、語根 IT も同じ意味をもっています。Basic 語ではありませんが、たとえば visit（訪問・訪問する）、exit（出口）、transit（運送・運送する）、initial（最初・イニシャル・イニシャルの）、itinerary（旅程・旅程表）、ambition（野心）などは語根 IT をもっていますし、さらに IT は issue（発行する・発行）、perish（消滅する・腐敗する）などの語ともなりました。perish は例（33）でも扱いました。

visit は例（67）でも扱いましたが [vis (= to see) + it (= to go)]、exit は [ex (= out) + it (= to go)]、transit は [trans (= across) + it (= to go)]、initial は [in (= in) + it (= to go) + ial]、itinerary は [itiner (= to go) + ary (= place)] です。ambition は [amb (= walking about) + it (= to go) + ion] で、中世期にラテン語から英語になった語です。これは公職選挙で立候補者が票集めのため、白衣を着て各地

を歩き回ったことから「野心」の意味となりました。白衣の色彩の「白」は潔白さの象徴でもありました。

　ambition に関連して un-Basic 語に ambiguous（曖昧な）、ambulance（救急車）などの語があります。amb の「歩き回ること、動き回ること」の原義から、「曖昧さ」や「救急車」を意味するようになったわけです。ambiguous の中に /g/ の音が響くのが気になるでしょうか。実は ambiguous も [amb + igu (= to go) + ous] であり、igu = to go ということで IT と関係があります。

　issue の語頭と perish の語尾の音声 [iʃ] は、音素 /it/ の異音です。perish は [per (= through, complete) + ish < it (= to go)] ということで、これが名詞の perishables (< per + ish + able + s) となると「生鮮食料品」の意味です。

(108)　**MITTERE ⇒ MIT**：送って前面に置くこと
committee

　cf. commit（約束する・託す・犯す）、commitment（約束・責任・義務・決意・努力・取り組み・委託）、admit（認める）、omit（省略する）、permit（許す・許可・許可書）、emit（放出する）、submit（提出する）、remit（金銭を送る）、dismiss（解散する・解雇する）、mission（使命・使節）、admission（入場許可）、commission（委任・委員会・手数料）、decommission（〔原子炉などを〕解体する）、promise（約束・約束する）、premise（前提・[-s] 建物の敷地）、message（伝言・メッセージ）、missile（ミサイル）、Mass（聖祭・ミサ）、Christmas（クリスマス）など

〔解説〕
　目下のところはこのようなものと推定されているラテン語そのままのような長い印欧祖語ですが、語根としては MIT でよいです。上の例（107）と「モノ・コトの移動」という点で

は似ていますが、違う系列の語群です。名詞では /mit/ の /t/ が、/ʃ/ や /s/ ともなりました。この語群に分類される Basic 語には committee（委員会・委員）があります。committee は [com (= with, together) + mitt (= to send) + ee (= person)] ということで、「委ねられる（任せられる）人」が原義です。

un-Basic 語 commit, commitment は英語的な語で、原義に基づき文脈上でニュアンスをつかむ必要のある語です。admit は [ad (= to) + mit (= to send)] で語根が MIT (= to send) であるとともに、そもそも接頭辞の ad (= to) をもっていますので、たとえば He admitted to stealing.「彼は窃盗を認めた」のように空間詞 to（〜へ向けて）を、場合により従えることも納得できるでしょう。こういう空間詞 to に関してはたびたび第一部でも触れました。

promise, message, missile などもこの範疇です。また、「ミサ」の Mass もこの語群に入ります。Mass の由来は中世期に司祭がラテン語で 'Ite, missa, est.'「出てください、儀式終了」と言ったことからと言われています。Christmas は [Christ（キリスト）+ mas (< mass : ミサ)] ですので、当然この語群の語となります。語根 MIT をもつ英語は数が多いです。

(109) **MEUə** ⇒ **MOV**：動くこと、動けること

move, motion, *automobile*（自動車）、*momentum*（はずみ・勢い・運動量）

cf. motor（モーター）、moment（動きの瞬間・重要性）、motivation（動機）、remote（遠い）、promote（促進する）、emotion（情緒・心の動き）、commotion（動揺・騒動）、mob（暴徒・やじ馬・群集）、mobile（可動性の）、model（モデル・模型）、modern（現代的な）、mode（様式・動きの様式）、modify（様式化する）、mood（心のもち方・心の動き方）、modest（控え目な）、moderate（節度のある・適当な）、commodity（日

常便利品)、accommodation(収容設備・収容能力)など

〔解説〕

　広くモノの移動と状態に関わる例はこれまでいくつか出てきていますが、これは文字どおり「動くこと、動けること」を意味する語群です。move は Basic English では名詞としての語です。

　イタリック体の *automobile* は国際的語彙としてのプラスα Basic 語です。*momentum* は科学等用語としてのプラスα Basic 語で、英語として大変よい語で幅広く使われます。語根 MOV の /v/ が /v/ → /b/ としても英語となりました。「動き」は「心の動き」も含めます。各語をじっくり検討してみてください。語感が獲得できます。

(110)　**MAGH ⇒ MAG**：力強いこと

machine, may (might), *magnitude*（マグニチュード）

　cf. mechanic(機械工)、might(力)、almighty(万能な)、main(主な)、mayor(市長)、magic(魔法・魔法の)、magnify(拡大する)、magnificent(壮大な)、major(より偉大な)、majestic(威厳のある)など

〔解説〕

　これも「力」の意味をもつ語の例です。Basic 語の machine は「機械、機構」の意味で、この語群に分類される語です。may(〜かもしれない・〜してよい)も、確率上は50％程度ですが、原義は「力強いこと」の意味で might, almighty とともにこの語群に分類されます。*magnitude* はプラスα Basic 語です。ここでの各語は納得しやすいでしょう。

(111)　**MAG**：練(ね)って細工をし、固めること

make, mass, among

　cf. mingle(混ぜ合わせる)、magma(マグマ)、massive(巨

大な・大規模の)、mason（石工）、amass（蓄積する）など

〔解説〕

　上の例（110）で印欧祖語 MAGH の異形として MAG と表記しておきましたが、ここでの MAG はまったく異系のものです。すべて練ることによる手作業とともに、それにより固まる感じも意味する語群です。空間詞 among もこの語群に分類されます。これは [a (= in) + mong (= mass)] から来ています。それぞれの語の語感をつかんでおくとよいです。

(112)　**SPEK ⇒ SPEC**：見ること、見えること

special, respect, *specimen*（見本）、*speculation*（投機・思惑売買・憶測）

　cf. spectacle（光景）、spectacles（メガネ）、speculate（推測する）、expect（期待 [予想] する）、Esperanto（エスペラント語）、inspect（検視する）、aspect（側面・局面・外観）、perspective（遠近法）、prospect（見込み）、suspect（疑いをかける・容疑者）、despite（〜にもかかわらず）、despise（軽蔑する）、species（種類）、spy（密かに見張る・スパイ）など

〔解説〕

　Basic 語の special を「特別な」の意味と覚えること以前に印欧祖語の SPEK から、そして special [spec (= to see) + ial] と分解し「見ること・見えること」と理解すると、この語の真の意味 (root sense) も見えてきます。respect（尊敬）は [re (= back) + spect (= to see)] で「振り返り見ること」です。

　specimen, speculation はプラス α Basic 語です。un-Basic 語の despite [de (= not) + spite (= look, to see)] とは「〜を見もしないで → 〜にもかかわらず」ということになります。Esperanto は 109 頁で少し触れました。こういう語は Basic English で用いることはできます。spy は印欧祖語の SPEK「見ること」を

よく残している語の感じがします。

(113)　**PLEX ⇒ PLY**：折って重ねること

simple, complex, *multiple*（倍数）、*multiplication*（掛け算・増加・増殖）

　cf. perplexed（当惑した）、multiplex（多重送信）、apply（応用する・適用する）、imply（暗示する）、reply（返答する）、display（見せびらかす・展示する）、employ（雇用する）、exploit（開発する・利用する）、explicit（明示的な）、implicit（暗黙の）、complicate（複雑にする）、implicate（巻き込む・関係づける・含意する）、pleat（ひだ・プリーツ）、flax（亜麻・亜麻布）、flexible（弾力性のある）、reflex（反射・反射作用）、double（二重）、kleenex（商標名：ティッシュペーパー）など

〔解説〕

　すべて「折って重ねること」の意味です。simple（単一の）は別な見方から例（50）でも扱いました。simple は折って1つにする、complex（複雑な）は折って何重にもすることの意味です。

　multiple, multiplication はプラス α Basic 語です。display は [dis (= off, away, opposite) + play (= fold)] で、折りたたんだものを広げることになります。ex (= out) の接頭辞をもつ exploit, explicit も、折りたたんだものを広げるということから display と同じ意味が根底にあります。グリムの法則 /p/ → /f/ の子音変異がここでも見られ、flax, flexible, reflex などの英語ともなりました。

　なお、商標名の Kleenex は [kleen (< clean) + ex (= fold)] ということになります。as clean as Kleenex（まったく純真な・潔白な）のような言い方もできるでしょう。

　英語で「ティッシュペーパー」のことを Kleenex とは一般には言いません。paper も付けず、単に *tissue* と1語で言い

ます。プラスα Basic 語 *tissue* は例（11）で別な視点からすでに扱いましたが、「織ること」を意味した印欧祖語 TEKS からも来ています。TEKS からはやはり例（11）で見たプラスα Basic 語 *texture*（織物・生地）や、un-Basic 語で text（テキスト）、context（文脈）、pretext（口実・言い訳・弁解）などの英語ともなりました。

(114) **GHER ⇒ CURT**：囲むこと

garden, curtain, *court*（〔会社などの〕役員会・中庭・宮廷・法廷・裁判所・コート・女性への求愛）、*chorus*（合唱・コーラス）

cf. escort（護衛する・護衛・エスコート）、courtesy（礼儀・丁寧・親切）、courteous（礼儀正しい・丁寧な・親切な）、choir（合唱団・舞踏団）、yard（中庭）など

〔解説〕

Basic 語では garden, curtain がこの語群に分類され同系語です。curtain（カーテン）の原義は「小さな庭」であり、「囲むこと」を意味します。印欧祖語の /g/ の音素は garden にその痕跡を残しています。実は yard も同系語です。

この語群の語は歴史的に興味深い因縁をもっています。特にビジネス関係で用いるプラスα Basic 語の *court* は、元来は建物などに囲まれた土地・中庭のことでしたが、中世期にラテン語から古フランス語を経て英語となりました。宮廷の「廷」は「庭」のことからも分かりますが、王の住む城の中庭が特別な意味をもつ場所となりました。この王宮の中庭ではいろいろな行事も執り行われ、司法の場である「法廷」の意味ともなったわけです。

さらには中庭では合唱 (*chorus*) のある祝宴も催され、王に仕える男女廷臣のロマンスの場ともなりました。祝宴の終わった夜など、中庭から出ていくときには男性は女性に付き添い（エスコート）をしました。*chorus* は国際的語彙として

のプラスα Basic 語です。escort は別な視点から例（32）でも例として出しておきましたが、[es (= out) + cort (= garden)] です。また、この宮廷の中庭では何かと礼儀・礼儀正しさが重んじられ、そこから courtesy や courteous の「礼儀正しいこと」を意味する語が生まれたわけです。

chorus や choir は印欧祖語 GHER の /h/ 音の響きから英語に文字として h は残りましたが、音は /k/ となりました。なお、courtesy, courteous の最初の音節は今日、強勢のある /kə́ːr/ と /kɔ́ː/ の 2 通りの音が用いられます。前者が米音式、後者が英音式です。

(115)　**KEU**：保護するために囲むこと

house, *cave*（洞穴）、*cavity*（空洞・虫歯）

　cf. excavate（発掘する）、hut（小屋）、hose（長靴下・ホース）など

〔解説〕

上で「囲むこと」の例を扱いましたので、これも見ておきましょう。ここでの例はもっと日常生活に根ざした囲いのことで、保護のためのものと考えればよいです。印欧祖語の /k/ の音素がプラスα Basic 語 *cave, cavity* と un-Basic 語の excavate に響きとして残っていますが、Basic 語の house や un-Basic 語の hut, hose のように、/k/ → /h/ と派生音化もしました。house は例（54）でも似た見方から扱いました。hose は足・脚を囲む「長靴下」や、液体・気体を囲む「管、ホース」の意味にもなりました。

付け加えておきますと、house に対して un-Basic 語の home は、印欧祖語 TKEI（安住すること）がやはり /k/ → /h/ と派生音化し HAM（安住の場・家庭・村・故郷）ともなったもので、語系列が異なります。

home は「本拠地」のような、帰属のニュアンスをもって

います。コンピューター上での home page（ホームページ）や、野球の home run（ホームラン）などの home も「本来の、元に帰る」の意味です。名詞として無冠詞で X is home to Y.「X は Y の本拠地である」という言い方がありますし、副詞として 'drive a nail home'「釘を根元まで打ち込む」などという言い方もありますが、どちらもきわめて普通の言い方です。

(116) **WEIK** ⇒ **WIK** ⇒ **VIC**：一家・一族・血縁氏族のこと、近隣のこと
by
　cf. village（村・村落）、villa（別邸）、vicinity（近隣・近縁）、vicinal（近隣の）、vicinage（近隣関係・近隣の人）、vicus（古代ローマの最小行政単位としての村や町）など

〔解説〕
　上で「囲むこと」から家族・家庭との絡みの例を見てみましたので、ここではすでに例（43）で扱った *tribe*（部族）より小さく、家族より大きな単位 (unit) としての「社会的な囲み」とも言える「一族、血縁氏族」に視点を移してみました。

　この語群の語はBasic語でゲルマン系である空間詞by（そば・片側のこと）以外はすべてラテン系ですが、印欧祖語から見れば初頭音が /w/ → /v/ → /b/、また音節末尾の音が /k/ → /s/ とも派生音化したことになります。これまで見てきたとおり一般的な音変異です。by が先に扱った near（近い・近くに）と結びつくことは、合成語に nearby（近くに）のあることからも分かります。

　また上で「血縁氏族」、すなわち「生まれながらの血のつながり」の意味を示しましたが、たとえば英語に 'by birth'「生まれながらに」という固定表現もあり、He is a painter by birth.「彼は生まれつき [根っからの] 画家である」などと言います。こういう場合の by はまさにその意味を示している

と説明できもするでしょう。by と一括してここでの語群の語をとらえておくとよいです。by をいわゆる類義語としてここに並べたのではもちろんありません。発生的にルーツが同じ同系語ということです。

(117) **PAG ／ PAK ⇒ PAC**：土をならし、固めること
page, paper, payment, peace, farm, *packing*（荷造り・包装）
　cf. pack（包み）、peasant（小作農）、papyrus（パピルス）、pact（協定・条約）、impact（衝撃・インパクト）、compact（ぎっしり詰まった）、pacify（平和状態にもどす）、pacific（平和を求める・穏やかな・[P~] 太平洋の）、firm（しっかりとした・会社）など

〔解説〕
　元来は耕作に適するように土をならし、固める作業から来たわけで、意味がかなり拡張されました。土ばかりでなく何でも「詰め込み、固め、しっかりさせること」から、さらに心理的な妥協や和平の感じのある語を生み出しました。
　page はパピルス（papyrus）の葉を束ねて固めることから来ましたし、農作での契約などでは payment（支払）で満足な安定した心の peace（平穏）が保てました。Basic 語 farm（農場）や un-Basic 語の firm は、またも /p/ → /f/ と派生音化したグリムの法則の例です。いくつも見てきました。

(118) **BHREG ⇒ BREG**：壊すこと、壊れること
broken, brake, brick, *break*（破損・破損の箇所・停止）、*broker*（仲介者）、*fraction*（分数・端数）、*fracture*（破断面・断口）
　cf. breach（違反）、debris（残骸・がれき）、fragment（破片）、fragile（壊れやすい）、frail（ひ弱な）など

〔解説〕
　Basic 語 brake（ブレーキ）がこの語群に入ることは納得で

きると思います。進行状態を壊し、抑制することです。put the brakes on ...「〜に歯止めをかける」などとも使える便利な語です。ここでも /b/ → /f/ と音変化もし、いくつかの語ができました。もうこういう音変化にまるで抵抗はなくなってきたと思います。*break, broker, fraction, fracture* はともに科学等用語としてのプラス α Basic 語です。debris は [de (= down) + bris (= broken)] で、この語群に分類されるでしょう。de は強意のニュアンスです。

(119) **AG ⇒ AC**：行動を起こすこと

act, reaction, *agency*（代理店）、*active*（活動的な）、*exact*（正確な・精密な）

　cf. agony（苦闘・苦しみ・死の苦しみ）、agonize（苦しめる）、antagonize（敵対する）、pedagogue（教師）、synagogue（ユダヤ教礼拝堂・ユダヤ教徒の集会）、agent（代理人・動作主・力・動因・薬剤）、agitate（かき乱す・扇動する）、agility（機敏さ）、examine（調査する）、actual（実際の・現実の）など

〔解説〕

　広い意味での「行動を起こすこと」で、Basic 語 act がこの意味を包み込みます。*exact*, actual も act をもっています。*agency, active, exact* はプラス α Basic 語ですが、*active* と *exact* は形容詞のプラス α Basic 語です。*active* に関しては例 (72) の解説中でも触れました。確認してみてください。

　元来の印欧祖語は AG であり、語群の語で /k/ の音ではなく /g/ をもつものにそのルーツが感じられます。agony は the Agony（キリストの受難前の苦しみ）という英語ともなりました。examine もここでの語群に入ります。*agency*, agent, agitate, agility は /g/ が /dʒ/ となった例です。

(120) **(S)PEN ⇒ PEND**：つり下げ重さを計ること
dependent, *pendulum*（振り子）

cf. spend（費やす）、suspend（つり下げる）、pendant（ペンダント）、appendix（〔本の〕付録・補遺・虫垂）、appendicitis（虫垂炎）、perpendicular（垂直の・垂直線）、impending（垂れ下がった・切迫した）、pensive（物思いに沈んだ）、expensive（高価な）、compensate（補償する）、dispenser（薬剤師・調剤師）など

〔解説〕

印欧祖語は (S)PEN ですが、語根を PEND として多くの英語となっています。秤(はかり)にかけ、重さをみる感じの意味をもつ語群です。*pendulum* はプラス α Basic 語です。spend は [s < dis (= off, away) + pend (= hanging)] で dispend の短縮語ということになりますが、この dispend はもう廃語で今日は用いられません。「薬剤師」などのことを dispenser とも言いますが、「薬剤を調合する人」から来ています。

(121) **OIT ⇒ US**：使うこと、用いること
use

cf. utilize（利用する）、utensil（家庭用具）、usage（用法）、abuse（乱用・乱用する）、usual（いつもの）など

〔解説〕

語群中に印欧祖語 OIT の /t/ の音素を残した語と、語根 US から /s/, /ʒ/ の音素をもつ語が見られますが、音変異はこれまでいくつも例として扱ってきました。印欧祖語を参考にすると納得できることが出てきて、理解の助けになります。abuse は [ab (= off, away) + use (= use)] で「本筋から逸脱した用い方をすること」の意味となります。abuse の発音は名詞では語尾が /s/、動詞では /z/ であることは、use の場合ともちろん同じです。

(122)　**GHOSTI ⇒ HOST**：人をもてなすこと
　　hospital, *hotel*（ホテル）、*host*（寄生動［植］物の宿主）
　　　cf. hostess（女主人・接待する）、hostel（ホステル）、hospitality（歓待・もてなし）、hostile（敵意をもった）、hostage（人質）、hospice（ホスピス・医療施設）など

〔解説〕
　　人との接し方にもいろいろあり、hostile, hostage は人との悪意のある接し方ということに結びつきます。*hotel* は国際的語彙としてのプラスα Basic 語です。*host* は Basic English では生物学的な科学等用語としてのプラスα語で、寄生虫・寄生動植物 (parasite) に寄生される側（宿主）のことです。parasite は例（63）、（93）ですでに見ています。

(123)　**ED ⇒ DENT**：歯のこと、歯で食べること
　　tooth
　　　cf. eat（食べる）、edible（食べられる）、dent（〔のこぎり、くしなどの〕歯・くぼみ・へこみ）、indent（字下がり・インデント）、dental（歯の・歯科の）、dentist（歯科医師）、dandelion（タンポポ）など

〔解説〕
　　グリムの法則からも印欧祖語の子音 /d/ → /t/ により tooth（歯）ともなったのですが、Basic 語 tooth の原義は「食べること」でした。un-Basic 語 eat も同系語です。
　　tooth の語源に関連して、しばしば引き合いに出されるのが「タンポポ」の dandelion ですが、この語はラテン語から中世フランス語を経て英語となりました。[dande (= tooth) + lion (= *lion*)] で、文字どおり 'lion's tooth'「ライオンの歯」です。鮮やかな黄色のタンポポの葉が、ライオンの牙と似ていることの連想から来たわけです。なお、*lion* は韻文／聖書用語としてのプラスα Basic 語です。

(124)　**(?)** ⇒ **CAUS**：原因となること
　　cause, because
　　　cf. accuse（非難する・責める）、accused（告発された）、excuse（許す・弁解する・弁明）など
〔解説〕
　目下のところ印欧祖語が不詳ですので記号（？）で示しておきましたが、推定上の語形を KAUS としてもよいかもしれません。ここでは語根として CAUS としておきます。because はもちろん [be + cause] で、前に例（35）で be の視点から見てみました。accuse は [ac (= to) + cuse (= cause)] で「非難されること、責められることへ向く」、excuse は [ex (= out) + cuse (= cause)] ということで「非難されること、責められることから外(はず)れる」です。

(125)　**ANə** ⇒ **ANIM**：息づかいのこと
　　animal
　　　cf. animation（アニメーション）、unanimous（満場一致の）、anemometer（風力計）、animosity（強い憎しみ・敵意）、magnanimity（寛大）など
〔解説〕
　unanimous は [un (= one) + anim (= breath) + ous] で、「息が1つとなる」→「満場一致の、意気投合の」です。「強い憎しみ」を意味する animosity が magnanimity となると [magn (= great) + animity (= breath)] で、「寛大」の意味となります。great のもつ「偉大さ」の意味が出ます。

　ここまでで 125 例を見てきました。語群中でイタリック体表記としたプラス α Basic 語は除いた**本来の Basic 語**も約 420 語出しましたので、全 850 語中の半数を語源から見た同系語として一括し、

第二部 印欧祖語 からみる 850 基礎語・プラス α 基礎語・一般語の語源別類型　149

さらにそれを軸に**他の語も同系語として意味的に整理**した形になります。それぞれ記憶にも残りやすくなり、語彙力も健全な形でついてくると思います。

試問 5 〔➡ 上例（101～125）〕

1）次の a)～l) のそれぞれ左側に示した語の意味は、下の①～⑫の日本語のうちどれでしょう（右側の太字体の各語は参考としての同系の Basic 語、左側のイタリック体はプラス α Basic 語で他は un-Basic 語）。

a) acupuncture （　　　　） ⇔ **acid, point**
b) fort （　　　） ⇔ **force**
c) victuals （　　　） ⇔ **quick**
d) vigilance （　　　） ⇔ **awake**
e) *accessory* （　　　　） ⇔ **necessary**
f) premises （　　　　） ⇔ **committee**
g) *momentum* （　　　　） ⇔ **move**
h) mason （　　　） ⇔ **mass**
i) vicinage （　　　　） ⇔ **by**
j) breach （　　　） ⇔ **brake**
k) *pendulum* （　　　　） ⇔ **dependent**
l) animosity （　　　　） ⇔ **animal**

　　　　　＊　＊　＊

① 違反　　② 警戒　　③ 石工　　④ 鍼療法
⑤ 砦　　　⑥ 振り子　⑦ 食糧　　⑧ 敷地
⑨ 憎しみ　⑩ 近隣関係　⑪ はずみ・勢い
⑫ 副次的な

2）次の①～⑭の括弧の中に、下の a)～n) の Basic 語

（句）を入れるとどれでしょう（太字体はすべてBasic 語）。

- possess ＜ pos (= ①) + sess (= ②)
- biopsy ＜ bi (= **living**) + opsy (= ③)
- vegetable ＜ veget (= ④) + able (= **able**)
- ambition ＜ amb (= **walking about**) + it (= ⑤) + ion
- perishables ＜ per (= ⑥) + ish (= **to go**) + able + s
- **among** ＜ a (= **in**) + mong (= ⑦)
- **respect** ＜ re (= **back**) + spect (= ⑧)
- display ＜ dis (= **off**) + play (= ⑨)
- escort ＜ es (= **out**) + cort (= ⑩)
- spend ＜ s (= ⑪) + pend (= ⑫)
- excuse ＜ ex (= **out**) + cuse (= ⑬)
- unanimous ＜ un (= **a, (one)**) + animous (= ⑭)

*　　*　　*

a) **breath**	b) **cause**	c) **fold**	d) **garden**
e) **hanging**	f) **living**	g) **mass**	h) **off**
i) **power**	j) **test**	k) **through**	
l) **to be seated**	m) **to go**	n) **to see**	

＜正解＞は本第二部の末尾（171 頁）

さらに次で考えてみましょう。

(126) **SWEN** ⇒ **SWENə** ⇒ **SON**：音のこと
sound, song

cf. swan（白鳥）、sing（歌う）、sonic（音の・音波の）、sonar（水中音波探知機）、resound（共鳴する）、consonant（子音）、resonance（共鳴）、sonnet（14行詩・ソネット）、sonata（奏鳴曲・ソナタ）など

〔解説〕

「音」に関して例（19）で扱いはしましたが、ここでは印欧祖語 SWEN から来たものとして改めて見てみます。Basic 語の song や、un-Basic 語の sing は一方で印欧祖語 SENGWH から来たとされてもいますが、根元では SWEN, SWENə, SON ともつながっていると考えられます。

特記しておきますと、「白鳥」の swan が最も印欧祖語の音を残しています。白鳥は死ぬまぎわの声が美しいとされ、それが特別で最良の歌声だと考えられてきました。そこから、音楽家などの生前最後の作詞・作曲などの作品のことを英語で swan song（白鳥の歌）と言われるようになりました。swan song は、いわゆる遺作ということにもなります。「白鳥の歌」の例としては、19世紀のオーストリアの作曲家シューベルト (F. Schubert) が死の年（1828年）に書いた歌曲集 'Schwanengesang' がよく知られています。

resound は /rizáund/ の音となります。また、「子音」の consonant に対して印欧祖語 WEKW ⇒ VOC から「母音」を意味する un-Basic 語の vowel ができました。この印欧祖語からは Basic 語の voice（声）や、さらに un-Basic 語の vocal（声の）、vocabulary（語彙）、advocate（弁護する）、provoke（挑発する）、revoke（取り消す・無効にする）、vocation（職業）など多くの語が英語となっています。consonant は Basic English で言えば un-voiced sound、そして vowel は voiced sound でよいです。なお、「職業」の意味の vocation は、神

から使命として呼ばれ授けられた「天職」という含みがあります。職業は「神の声」によるという考え方です。

(127) **GHĒ**：あとを継ぐこと
go, *inheritance*（遺伝・相続）、*heritage*（相続財産）
　cf. ago（今から〜前に）、gait（馬の足並み・足どり）、gate（狭い通り道・門）、forego（先に行く・先行する）、heir（相続人・継承者）、inherit（相続する）、heredity（遺伝）など
〔解説〕
　inheritance は生物学上の文脈などでは「遺伝」の意味で用いられる科学等用語としてのプラス α Basic 語です。一般には「遺伝」は、un-Basic 語として提示しておきました heredity と言います。また、*heritage* は韻文／聖書用語としてのプラス α Basic 語です。un-Basic 語の ago は [a (= to) + go (< gone)] です。

(128) **KREI ⇒ CRET／CRIT／CERT**：区分けして判断すること、決めること
credit, secretary, crime, secret, certain
　cf. discriminate（区別する・見分ける・差別する）、criminal（犯罪の）、criticize（批評する・非難する）、criterion（判断基準・評価基準）、critic（批評家・評論家）、critical（重大な）、crisis（危機・重大な分かれ目・岐路）、discern（見分ける）、concern（関心）、concert（一致・調和・コンサート）など
〔解説〕
　ここでの語群の各語は判断や判断基準にしたがって区分し、決定する感じの意味をもっています。Basic 語の secret, certain と un-Basic 語の concern は例（14）でも見ましたが、ここでは見方を変えて扱っています。元来はやはり穀物の選別・ふるい分けから来ました。

Basic 語の crime（犯罪・罪悪）の原義も把握しておきたいです。これは法律的な区分けということになります。un-Basic 語の discriminate には crime が埋め込まれています。[dis (= off, away) + criminate (= to get separated, to make a decision)] ということです。印欧祖語の音の響きを残している語も英語に多いです。

(129) **KAILO**：欠けたところのないこと、完全であること
healthy, *holy*（神聖な）
　　cf. heal（〔傷などを〕治す）、hail（絶賛する・歓迎する）、whole（全体の）、holiday（休暇）、hallow（神聖化された）、Halloween（万聖節・ハロウィーン）など

〔解説〕
　　印欧祖語の /k/ は /h/（/k/ → /h/）の音素として英語となっています。印欧祖語の意味を基に Basic 語 healthy の語感をつかんでおくとよいです。*holy* は第一部でも触れたところがありますが、韻文／聖書用語としてのプラス α Basic 語で、Basic English では形容詞として用います。holiday は [*holy* + day]、Halloween は [hallow (= *holy*) + een (< even = *evening* = early night)] から来ています。*evening* も韻文／聖書用語としてのプラス α Basic 語です。

(130) **UD ⇒ UT**：外へ向くこと
out, but, about
　　cf. utter（まったくの）、utmost（最高の・最大の）、neutral（中立の・中立）など

〔解説〕
　　印欧祖語との関わりで接続詞 but の原義も把握しておきたいです。but は [b (< by) + ut (= out)] で「傍の外側へ向けること」です。but に対して and は次の例で扱います。空間詞

about は [ab (= off, away) + out (= out)]「外側へ離すこと」です。un-Basic 語 neutral は [ne (= not) + utral (= out)] ということで「外側 (out) へ向かないこと」ですが、内 (in) でもないことになります。in も次の例で見てみます。

(131) **EN：内へ向くこと**
　　in, and, industry
　　cf. enter（入る）、inn（宿屋）、intimate（親密な）、esoteric（奥義の）、episode（挿話・エピソード）など

〔解説〕
　この語群に一括される語は多いですが、ここでは例をしぼって提示しました。上の例で見た but の対の and がこの語群に入ります。in は印欧祖語 EN から来ています。Basic 語の industry（勤勉・産業・工業）は別の視点から例（98）で見ましたが、[in (= in) + dustry (= structure)] からしても「内に向けて築くこと」でもあります。

　un-Basic 語の enter などは印欧祖語の /en/ の音をよく残しています。「奥義の」の意味の esoteric は [eso (= in, within < with + in) + teric (= further < far)] と構成要素分解できますが、C.K.Ogden の Basic English も esoteric な側面をもっていると思います。この esoteric の反義語は exoteric（平凡な・大衆向きの）となります。episode は [epi (= at, on, in, among, etc.) + sode (= way)] のように考えてよいです。

　付け加えですが、sode は印欧祖語 SED ⇒ SOD ⇒ OD に由来し「往来すること、道」の意味で、method（方法）、period（周期・期限・ピリオド）、odometer（走行距離計）、exodus（民族脱出・[E~] 旧約聖書「出エジプト記」）、さらに今日よく用いられる diode（二極真空管・ダイオード）などともなっています。method は [met (= after) + hod (= way)]、 period は [peri (= round) + od (= way)] です。diode からは今日的な light-emitting diode (LED)（発光ダイオード）という英語も生まれました。さらに語根 OD からの ode は、電子の向かう方向としての anode [an (= up) + ode]（陽極）、cathode [cath (= down) + ode]（陰極）などの英語にもなりました。

(132) **WEIDH ⇒ VID ／ VIS**：分け離すこと

wide, division, *widow*（未亡人）、*divisor*（除数・約数）

　cf. width（幅）、individualism（個人主義）、dividend（配当・配当金・配当率）、devise（工夫する）、device（装置・工夫）など

〔解説〕

　印欧祖語の /w/ の音を残している Basic 語に wide（広い）がありますし、プラスα Basic 語では *widow*、un-Basic 語では width などがあります。印欧祖語が例（67）で扱った「見ること」を意味した WEID と似ていますので、おそらく根元ではつながっているのでしょう。/w/ がラテン系では /v/ に音変化して多くの英語ともなり、/w/ → /v/ は一般的な派生であることはすでに何度も見たとおりです。

　divisor はです。「工夫すること」を意味する un-Basic 語 devise, device も、「分け離すこと、分割すること」とつながる関係にあります。Basic 語の wide, division を軸にして、じっくり考えてみるとよいです。

(133) **ANGH ⇒ ANG ／ ANK**：曲がっているもののこと

angle, angry

　cf. angle（魚釣りをする）、angler（釣り人）、anguish（苦悶）、anxiety（心配）、anxious（心配している）、ankle（くるぶし）、anchor（錨）など

〔解説〕

「曲がること、曲げること」は「悩むこと、苦しむこと」にもつながります。Basic 語の angle は「角度のあること」の意味ですが、一方、un-Basic 語の angle「魚釣りをする」は魚釣りの針が曲がっていることから来ています。

ここでも印欧祖語の有声音 /g/ がその無声音 /k/ の音素ともなった例を見ることができます。anxiety は /æŋgzáiəti/ と発音され /g/ の音が出ますが、形容詞形の anxious では /g/ が /k/ となります。anchor では文字 ch は音としてはやはり /k/ です。この語群は意味的には例（44）などと似ています。

(134)　**KʷEIə ⇒ KʷEI**：気持ちが解放され、安らぐこと

quiet, quite, while

cf. quit（やめる・中止する）、tranquil（静かな・平穏な）など

〔解説〕

quiet と quite は同系語です。quite（まったく）は「完全に解放されていること」が原義です。while（～の間）は「解放されている平穏な間のこと」と理解すれば分かります。while は印欧祖語にあった /k/ の音は消失しましたが、いずれの語もかすかにあった祖語の /w/ の音が響きます。

(135)　**RĒD**：引っかくこと

rub, rat, *erosion*（浸食）

cf. razor（かみそり）、raze/rase（こすり落とす・地ならしする）、erase（拭い去る）、rash（発疹・吹き出物）、rascal（悪漢・いたずらっ子）など

〔解説〕

rat（ネズミ）がこの語群に入ります。*erosion* は科学等用語としてのプラス α Basic 語です。rash は引っかいた跡のよ

うなイメージでとらえればよいです。rascal は「すれっからしの人間」のような感じで理解すればよいでしょう。どの語も印欧祖語にあった音素 /r/ の痕跡をきちんと残しています。

(136)　**BEU／BHEU／BHEL**：丸く膨(ふく)れること
　　bell, ball, bag, bulb, boiling, pocket, *bubble*（泡）
　　　cf. bowl（鉢・椀(わん)・ボール）、balloon（風船）、bold（太字の・大胆な）、belly（腹）、bulk（容積・かさ・大きさ）、bulletin（掲示）、ballot（投票用紙・投票数）、bull（雄牛）、bullet（弾丸）、bale（梱包(こんぽう)・俵）、pouch（ポシェット・小袋）、puff（〔煙や風などが〕パッと吹く・膨(ふく)れる・化粧用パフ・シュークリーム）など

〔解説〕
　印欧祖語の 2 つ目は BEU の異形ですが、ここでは 3 つ目のものも異形と考え併記しておきました。実は 3 つ目の BHEL は、先の例（64）の光の変化を意味した印欧祖語 BHEL とも根元でつながっていると考えられてもいますが、ここでは光とは区別して扱いました。光の変化とは別に、形の変化を意味すると考えてよいでしょう。
　この語群の語はいずれも「丸く膨(ふく)れること」の意味です。/b/ → /p/ と、有声から無声へと音変化し英語となった語がまたも見られます。Basic 語の boiling（沸騰している）は例（59）でも扱いました。*bubble* はプラス α Basic 語です。bulletin は、元は丸い印を押したものから来ています。また、ballot は元来が投票には丸い球を用いたことから来たと言われています。雄牛の bull はその姿・形をイメージすればよいです。弾丸の bullet は [bull (= ball) + et (= small)] です。

(137)　**LĒ**：解き放つこと、和らげること
　　let, late, last

cf. lenient（〔痛みなどの〕和らいだ・寛大な）、lenity（慈悲・寛大さ）など

〔解説〕

　各語の意味的つながりが少し分かりにくいでしょうか、じっくり考えてみてください。let（放つこと）は keep（抑えておく）の反義語と考えるとよいです。late は時間的に解き放された（離れた）意味です。last（最後であること）は時間的ばかりでなく、空間的な順序とも関わります。lenient は第一音節にアクセントがあり /líː/ となります。lenity は /lé/ です。

(138)　**RĒ(I)**：理にかなうこと、合理的なこと

　reason, reading, rate, *ratio*（比・比率）

　　cf. rational（理にかなった・合理的な）、ratify（批准する）、reckon（思う・考える・数える・計算する・推測する）、riddle（謎・なぞなぞ）、rite（儀式・慣習・習わし）など

〔解説〕

　理性の働くことを意味する語群です。*ratio* はプラス α Basic 語です。riddle は [ridd (= reason, reading) + le (= to go [keep] on doing)] で、理性的にくり返し推論する意味です。le は反復を意味します。rite の「儀式」も、慣習になれば理にかなうものになるでしょう。ここでの語群は例(31)で扱った「つながること」を意味する印欧祖語 AR とも根元では関連があります。

(139)　**GERERE ⇒ GER ⇒ GEST**：身体ごと運ぶこと

　digestion, suggestion

　　cf. exaggerate（誇張する）、ingest（〔食べ物などを〕摂取する）、gesture（身振り・ジェスチャー）、gestural（身振りの）、gesticulate（身振りをする）、congest（詰まる・詰まらせる）、

belligerent（好戦的な）、gerund（動名詞）など

〔解説〕

運ぶことを意味する語はいろいろありますが、ここでの語群は元来が「身体ごと運ぶ」というニュアンスがあります。digestion（消化）は [di (= off, away) + gest (= to send) + ion]、suggestion（示唆・暗示）は [sug (= under) + gest + ion] です。suggestion は身体に浸透するのを感覚的に知ることになります。

gesticulate は [gest (= to send) + icul (= small) + ate] ということです。また、belligerent は [belli (= war) + gerent (= to send) です。第一部で参考文として掲げた日本国憲法第九条に、この語の名詞形 belligerency が見られます〔8 頁参照〕。文法用語である gerund（動名詞）は、-ing 接尾辞を用いて「動詞の機能をそのまま持続的に運ぶ」という考え方から来ています。

(140) **MEIK**：混ぜ合わせること

mixed, among, *mixture*（混合・混合物）

cf. mingle（混ぜ合わせる）、mash（すりつぶす・飼料・マッシュ）、miscellaneous（雑多な・寄せ集めの）、mestizo（スペイン人と中南米先住民との混血児）など

〔解説〕

mixed は接尾辞 -ed 付きの語形で Basic 語です。*mixture* はプラス α Basic 語です。Basic 語 among は例（111）で似た「練ること」の意味から見ましたし、un-Basic 語 mingle もそこで例として出しておきました。同じく un-Basic 語の mash は、つぶして混ぜ合わせる意味です。mashed potatoes（マッシュポテト）などとよく言いますが、mashed に「混ぜ合わされた (mixed)」の意味を直感したいです。mestizo はスペイン語からそのまま英語に入りました。

(141) **KAəID** ⇒ **CIDE** ／ **CISE**：切って離すこと
decision, scissors, *circumcision*（割礼）

cf. decide（決心する）、incise（切り込む）、excise（削除する）、precise（正確な）、concise（簡潔な）、suicide（自殺）、homicide（殺人）、insecticide（殺虫剤）、herbicide（除草剤）など

〔解説〕

scissors は例（6）で少し別なニュアンスとして見てみました。角度を変えて考えることも意義があります。接頭辞付きで英語になったものが多い語群です。ここでは de, in, ex, pre, con, circum が見られます。印欧祖語の /k/ の音素が /s/（/k/ → /s/）へ派生しています。

circumcision は韻文／聖書用語としてのプラス α Basic 語です。precise [pre (= before) + cise (= cut)] は「あらかじめ切り落とした」→「正確な」ということです。suicide は [sui (= self) + cide]、insecticide は [insect + cide]、herbicide は [herb (= grass) + cide] で分かります。「昆虫」の insect [in + sect] は前に例（92）でも見ました。

(142) **MERK**：モノを交換すること
market, *mercy*（慈悲）

cf. merchant（商人）、merchandize（商品・商品を売買する）、commercial（商売の）、mercury（〔温度計などの〕水銀柱・[M~] 水星）など

〔解説〕

mercy は韻文／聖書用語としてのプラス α Basic 語です。mercury はローマ神話での商業の神 Mercury（マーキュリー）から来ています。マーキュリー神は足が速かったようで、「水銀」の動きの速さと重なったのが意味の由来だとされています。

(143) **KĀD**：心配すること、悲しむこと、恐れること
hate
　　cf. hatred（嫌悪）、heinous（憎しむべき・凶悪な）、dread（恐れる・恐れ・畏怖の念を抱く・畏怖の念）など

〔解説〕
　印欧祖語との関わりが見にくいかもしれませんが、こういう例もあるという点で参考になるでしょう。/k/ が /h/（/k/ → /h/）となるのはよくある子音変異でしたが、さらに /d/ とも派生音化しました。hate（嫌悪）は名詞として Basic 語ですが、hatred は un-Basic 語です。hate に比べ hatred は意味がかなり強いです。dread がこの語群に分類される点は注目しておいてよいです。

(144) **SKEI ⇒ SCI**：分割することで悟り、認識すること
science, conscious
　　cf. conscience（良心）、conscientious（良心的な）、sciolism（知識・学問の生かじり）、nice（結構な）など

〔解説〕
　印欧祖語の SKEI には「分割する」感じの意味があります。事を知るには、その事を割ってみるという考え方です。切ったり、割ることは前にもそれなりに扱ってはいます。先の例（141）もやや似たものと言えます。science も「科学」などと難しく言いますが、簡素には「割って知ること」でしょう。この本で考えている印欧祖語から見る英語の語源の追究も科学〔語源学：etymology [etymo (= true sense of a word) + logy (= science)]〕ですが、割ることで語の原義を知ろうとしていることになります。
　un-Basic 語の「結構な、良い」を意味する nice は [ni (= not) + ce (= conscious, knowledge)] で、元来は foolish（愚かな）の意味でした。例（94）の解説中で *queen* の例で触れもしたのですが、意味が成り上がったのです。これは英語言語学で

は amelioration（語義良化）と言いますが、マイナスのイメージや一般的な普通のイメージをもった語が、後にプラスのイメージをもつように変化した語が英語に少しあります。逆の場合もあり、反義語で pejoration（語義悪化）と言います。amelioration の amelior は better の意味で、pejoration の pejor は worse の意味です。両者ともラテン系の語です。

(145)　**PLEU** ⇒ **FLU**：流れること

flight, fly, fowl, *flood*（洪水）、*flow*（流動・流出・噴出・溶岩流・思潮）、*influenza*（流行性感冒・インフルエンザ）、*reflux*（還流・逆流）

　cf. pluvial / pluvious（多雨の）、pluviometer（雨量計）、pulmonary（肺の）、pneumonia / pneumonitis（肺炎）、fly（飛ぶ）、fluent（流暢な）、float（浮く・浮き・〔パレードなどの〕山車）、flutter（バタバタ飛ぶ・羽ばたき）、flit（ヒラヒラ飛ぶ）、flux（流動・流転）、fleet（艦隊・船団）、flee（逃げる）など

〔解説〕

　ここでの語群に関しては第一部で少し触れもしたのですが、確認しておくこととします。多くの語は印欧祖語 PLEU から FLU の語根となり英語となりました。/p/ → /f/ のグリムの法則による子音の音変化とともに、広く母音の交替も見られます。

　太字体の fly は Basic English では「ハエ」の意味で Basic 語なのですが、標準体の fly の「飛ぶ」の意味では un-Basic 語です〔巻末付録1の〔注〕④参照〕。fowl（〔ニワトリなどの〕家禽）は Basic 語です。イタリック体の *flood* は科学等用語としての、*flow* は科学等用語および韻文／聖書用語として2分野にまたがったプラスα Basic 語です。また、*influenza* は国際的語彙としてのプラスα Basic 語ですが、これは一般には単に flu と略して用いられることは第一部ですでに触れま

した。*reflux* は科学等用語としてのプラスα Basic 語です。

さらに、ラテン系の pulmonary や、ギリシャ系の pneumonia など「肺」に関わる語もこの語群に入ります。肺は息が流れる器官ということで理解できます。これと関連して pneumoconiosis（塵肺症）という炭鉱の工夫の患う病があります。いわゆる職業病で、これの正式名は一般の辞書にも掲載されていて英語の中で最も長い語として知られるのですが pneumonoultramicroscopicsilicovolcanoconiosis です。45 文字の語です。実際の発音は語尾の osis の音節に /óu/ と第一アクセントが置かれ、他の核になる音節にはすべて第二アクセントが置かれ、リズムに乗った調子となりますので思うほどは長くはなりませんが、それでもやはり長いです。あまりに長いので一般には単に coniosis として用いられます。この語を構成要素に分解し、すべて Basic 語で意味を示しておきましょう。[pneumono (= chest) + ultra (= uppermost) + micro (= small) + scopic (= look) + silico (= stone) + volcano (= fire, flame) + coni (= dust) + osis (= disease)] のようになります。括弧内の uppermost は upper (< up) と most (< much) の合成語です。

なお、動詞 flutter の語尾の er は反復の意味です。

(146) **GHREIB／GHREBH ⇒ GREB**：つかみ取って握ること

grip

　　cf. grab（引っ張りつかむ）、grasp（つかむ）、grope（手探りしてつかむ）、gripe（握る）、grippe（インフルエンザ）など

〔解説〕
　印欧祖語の異形をそれぞれ見比べ参考としてください。祖語の母音 /e/ はここの語群の語中では響きません。やや微妙なニュアンスをもつ語を列挙しましたが、「つかみ取って握

ること」を意味する最も中立な語はやはり Basic 語の grip です。意味的に似たものを例（22）で扱いました。

　「インフルエンザ」を意味する grippe は /grip/ と発音されます。音とスペリングの関係からも見当がつきますが、フランス語から英語に入った語です。「つかみ取ること、握ること」が病のインフルエンザともなったのですがその語感をつかみ取り、握っておいてください。grippe は、上の例（145）での *influenza* とは別系列から英語になりました。

（147）　**MER**：朝のこと／**DYEU**：昼のこと／**NEK^{w}T**：夜のこと

MER → morning, tomorrow
　cf. morn（朝）など
DYEU → day, *dawn*（夜明け）
　cf. daybreak（日の出）、daisy（ヒナギク）など
NEK^{w}T → night
　cf. nocturne（夜想曲・ノクターン）、nocturnal（夜の）、equinox（春分[秋分]）、noxious（有害な・不快な・いやな・不健康な）、innocent（無邪気な・潔白な）、nuisance（迷惑なこと［人］）など

〔解説〕

　ここでは「朝」、「昼」、「夜」の一日の時間的な3区分を一括して扱っておきます。実際には一日の区分を太陽の出る日中と、太陽の没する夜間の2区分で考えると分かりやすいでしょう。Basic 語の tomorrow は、元来は「朝、夜明け」の意味でした。これは to + morrow で、「朝（夜明け）へ向く」から「翌日」の意味となりました。

　「夜明け」の *dawn* は、暗闇の夜が過ぎ太陽が出て明るくなった日中ということで、day の系列になる韻文／聖書用語としてのプラス α Basic 語です。「ヒナギク」の daisy は <day +

eye> で、「太陽の目」の意味から来ています。ここには太陽崇拝の考え方が見え隠れします。

noxious, innocent, nuisance も「夜」を意味した印欧祖語 NEK^{W}T と根元でつながっていると考えられます。これはギリシャ神話の夜の女神 Nyx（ニエクス）、またローマ神話のやはり夜の女神Nox（ノクス）ともなりました。夜の暗闇(dark)は色彩的には黒 (black) であり、死 (death)・悪 (wrong)・害 (damage)・傷害 (wound) などを暗示します。innocent は [in (= not) + nocent (= night, dark, black, wrong, etc.)] で分かります。

なお、today, tonight は 850 Basic 語の語表には掲載されていませんが、それぞれ <to + day>, <to + night> の合成語として Basic English の範疇（ちゅう）の語です。実際、ハイフン付きで to-day, to-night と表記されることもあります。ついでながら、Basic 語の yesterday は [yester (= past, last) + day] から来ていますが、un-Basic 語で yestermorning（昨朝）、yesternight（昨晩）という言い方もあります。

(148)　**PET**：飛びつき求めること

competition, feather

cf. petition（嘆願）、appetite（食欲）、competent（能力のある・有能な）、repeat（くり返す）、impetuous（性急な）、hippopotamus（カバ）など

〔**解説**〕

ここでも印欧祖語の /p/ の音が /f/（/p/ → /f/）となり、Basic 語の feather（羽・羽毛）ともなった点は興味深いです。グリムの法則です。hippopotamus は [hippo (= horse) + potamus (= river)] ですが、カバが河・川に飛び込む姿をイメージすればよいでしょう。hippopotamus は短縮して単に hippo と言うのが一般的です。

(149) **AUG**：増えること、増やすこと、生じること、生じさせること

authority, automatic, *automobile*（自動車）、*autobus*（バス）

　cf. auction（競売・オークション）、augment（増大する・増加）、august（尊厳な）、author（著者・立案者）、authentic（真正な・本物の）、auxiliary（補助の・予備の）、autumn（秋）など

〔解説〕

　何かが少しずつじわじわと増え、拡大する感じのする語群です。Basic 語で、ギリシャ語系の automatic の auto がいわゆる「自動 (self-moving)」の意味となったのは近代以降で、元は印欧祖語の AUG「増えること」からと推定されます。そう考えれば automatic は [auto (= increase) + matic (= mind)] ということで、「心・意志の拡大、変化 (mind-changing)」のようにとらえられるでしょう。

　また、プラスα Basic 語 *automobile* は例（109）でも引き合いに出しましたが、[auto (= increase) + mobile (= move)] となります。*autobus* もプラスα Basic 語で、元来は「乗合馬車」のことでした。un-Basic 語の autumn は「収穫の季節」と考えてよいでしょう。

(150) **(S)KER／KWEL ⇒ CIRC／CYC**：回転すること、回りめぐること

circle, curve, range, ring, *encyclopedia*（百科事典）、*circus*（円形広場・サーカス）、*circuit*（回路・回線）、*circulation*（循環）、*circumference*（円周）、*arrangement*（調整）、*search*（探究）

　cf. circumstance（状況・環境）、cycle（周期・循環）、research（研究）、ranch（牧場）、rank（階級・地位）など

〔解説〕

　意味的には例（45）、（69）と似ています。Basic 語の circle, curve をはじめ、いくつかの語は例（14）で別な見方から扱

いました。un-Basic 語の circumstance は例（62）でも見ました。注目しておいてよいのは Basic 語 range, ring や、科学等用語としてのプラス α Basic 語 *arrangement*、また韻文／聖書用語としてのプラス α Basic 語 *search*、さらに un-Basic 語 research, ranch, rank などもこの語群に分類されることです。例（141）で見た宗教的儀式で、韻文／聖書用語としてのプラス α Basic 語 *circumcision* もこの語群として見ることもできます。

「百科事典」の *encyclopedia* は [encyclo (= circle) + pedia (= education)] ということですが、これは手早くいろいろな知識を身につけるのに便利な書です。語源に関する辞典や、次の第三部で引き合いにも出しますがシソーラス（類語辞典）なども、英語語彙に関する百科事典のような趣があります。1つの語から他の語へとぐるぐる回りめぐって、いろいろな角度から語の意味についての知識が身につけられます。

この本には索引も付けてありますので、基礎語彙体系に関する1つの事典とも考え活用されてはどうでしょう。百科事典のような大きなものではなく、小さくはあっても活用次第で応用も効き、どんどん大きく膨れ上がってくるように配慮したつもりです。いつも携えていて、英語の読み聴きで各語群での他の語の例に出くわしたときなど、余白に書き加えておかれたらどうでしょう。

これで簡素な意味をもつ150種の印欧祖語の語根 (root) から、そして850 Basic 語を基語 (base word) として、すべての語を語群として一括分類したことになります。この150語群で扱った語は、重複しているものは除き太字体の Basic 語（全850語）のうちの約470語、イタリック体のプラス α Basic 語（全654語）のうちの約200語、そして一般の un-Basic 語が約1,420語ですので合計

で約 2,100 語です。さらに第一部と第二部の解説中で、要素分解などで引き合いに出した Basic 語も相当数あります。結果的にはここでの 150 種の語根が、**10,000 語程度**にまでも応用できるでしょう。心に留めおきたい点は、Basic 語は合成語、派生語なども何千語も生み出すということです。たとえば合成語で nationwide（全国的に）、online（オンラインで（の））、network（ネットワーク）など、また heat を軸に heater（ヒーター）、overheating（加熱の）、overheated（加熱した）など次々と扇を開くように膨れ上がります。語彙数が爆発的に膨れ上がる仕掛けが Basic 語にはあるということです。意味的には 850 語が何万語という数の一般語に取って代わります。

まだいくつも例を抽出することはできますが、もう**これだけで未知の語の意味は 100％まではいかないことが場合によりあっても当たらずとも遠からず、音・文字から類推でき、ほぼどんな英文も理解できるはず**と思いますので、ここまでとしておきましょう。次の第三部でこれまでの知識を活用することを考えます。

その前に、もう 1 つ試問で順を追って知識を確認してみてください。忘れてしまっていても、何度も見返せばよいです。そのうちに知識は定着します。

試問　6　〔➡上例（126～150）〕

1）次の①～⑫のそれぞれの語と同源・同系の Basic 語を、下の a)～l) から選ぶとどれでしょう（イタリック体の④はプラスα Basic 語）。

① swan　　　② heredity　　　③ dividend
④ *erosion*　　⑤ gesticulate　　⑥ dread
⑦ conscience　⑧ pluvial　　　⑨ grope
⑩ nocturnal　　⑪ impetuous　　⑫ autumn

第二部　印欧祖語からみる850基礎語・プラスα基礎語・一般語の語源別類型　169

```
                    *     *     *
   a) automatic    b) competition   c) flight
   d) going        e) grip          f) hate
   g) night        h) rat           i) science
   j) sound        k) suggestion    l) wide
```

2）次の（1）～（8）のそれぞれ左側の un-Basic 語の意味を、括弧の中に示した文字で始まる1語の Basic 語で示すと何でしょう（イタリック体はプラス α Basic 語）。

(1) Halloween ＜ hallow (= *holy*) + een = *evening*
　　　　　　　　(= **e**　　) **night**
(2) neutral ＜ ne (= **not**) + utral (=**o**　　)
(3) method ＜ met (= **after**) + hod (= **w**　　)
(4) bullet ＜ bull (= **b**　　) + et (= **small**)
(5) herbicide ＜ herb (= **g**　　) + cide (= **c**　　)
(6) innocent ＜ in (= **not**) + nocent (= **w**　　)
(7) hippopotamus ＜ hippo (= **h**　　) + potamus (= **r**　　)
(8) *encyclopedia* ＜ encyclo (= **circle**) + pedia (= **e**　　)

＜正解＞は本第二部の末尾（171頁）

試問 ＜正解＞

試問　1

1)
- a) ⑬　b) ④　c) ⑨　d) ⑪　e) ⑩　f) ①
- g) ②　h) ⑫　i) ③　j) ⑤　k) ⑧　l) ⑥
- m) ⑦

2)
- a) ⑰　b) ②　c) ①　d) ⑬　e) ⑫　f) ⑪
- g) ⑧　h) ③　i) ⑦　j) ④　k) ⑯　l) ⑨
- m) ⑤　n) ⑭　o) ⑮　p) ⑥　q) ⑩

試問　2

1)
- a) ⑤　b) ①　c) ⑦　d) ④　e) ⑨　f) ⑥
- g) ⑪　h) ⑬　i) ③　j) ②　k) ⑫　l) ⑧
- m) ⑩

2)
- a) ⑦　b) ③　c) ⑥　d) ⑤　e) ①　f) ⑨
- g) ⑯　h) ⑩　i) ②　j) ⑬　k) ⑮　l) ⑰
- m) ⑭　n) ④　o) ⑫　p) ⑧　q) ⑪

試問　3

1)
- a) ⑩　b) ⑨　c) ⑬　d) ③　e) ②　f) ⑭
- g) ⑤　h) ④　i) ①　j) ⑥　k) ⑪　l) ⑦
- m) ⑫　n) ⑧

2)
- a) ③　b) ③　c) ①　d) ①　e) ③

試問 4

① board　②shut　③light　④loose
⑤ value　⑥position　⑦cut　⑧part, small
⑨ servant　⑩roll

試問 5

1)
a) ④　b) ⑤　c) ⑦　d) ②　e) ⑫　f) ⑧
g) ⑪　h) ③　i) ⑩　j) ①　k) ⑥　l) ⑨

2)
① i)　② l)　③ j)　④ f)　⑤ m)　⑥ k)
⑦ g)　⑧ n)　⑨ c)　⑩ d)　⑪ h)　⑫ e)
⑬ b)　⑭ a)

試問 6

1)
① j)　② d)　③ l)　④ h)　⑤ k)　⑥ f)
⑦ i)　⑧ c)　⑨ e)　⑩ g)　⑪ b)　⑫ a)

2)
(1) early　(2) out　(3) way　(4) ball
(5) grass, cut　(6) wrong　(7) horse, river
(8) education

第三部
同源(同系)語／同義(類義)語／反義語から文脈を推理する

換言法（A = A'）と、対照・対比法（A ⇔ B）による論理で段落文はくり返す

　第一部と第二部で印欧祖語から、そして英語の850基礎語を基に、英語全体の語彙力を身につける方法を同源・同系語（paronym [paro (= by) + nym (= name)]）から考えてきました。原音と原義からの類推（analogy）ということでした。当然のことながら、その考え方を英文を理解するために活用したいわけです。この第三部では実際にその活用例を通して、**既知の語彙数が最小限で語彙力不足でも英文が理解できる方法**を見ていくこととします。基礎と応用に分けて考えますが、まずは次の点に関して触れておきましょう。

　19世紀半ばの1852年に、P. M. ロジェ (P.M. Roget) という英国の医師が *Thesaurus of English Words and Phrases* という辞典を編纂しました。これは大変珍しい英語シソーラス（同義・類義語辞典）で、その後も版をいくつも重ね、代々、子孫にロジェ家の遺産として受け継がれ今日なお世に出ているものです。これの最新国際改訂版では、約33万語の英語語彙をすべて「概念」の観点から、わずか15の分野（カテゴリー）に一括するとともに、1,075の部門に整理・分類し、各項目に同義（類義）語・反義語・関連語などを掲載しています。この大辞典は英語類義語に関する総合カタログと言えるもので、全頁の⅓強が索引であり、概念別に語を検索するのに大変重宝なものです。

シソーラス (thesaurus) は、いわゆる辞書 (dictionary) とは違います〔dictionary は book of words「語・言葉の本」の意味ですが、thesaurus は treasure（宝物）と同系語で store of knowledge of great value「知識の宝庫」、すなわち「語の百科事典」の意味に近いです〕。辞書は「語から意味」を求めるものですが、シソーラスはその逆で「意味から語」を求めます。すなわち「おおよそ、こういう意味のことが言いたいが、そういうときにはどういう語が英語にあるか」をすべて一覧にして見せるのがシソーラスです。大変便利であるため 19 世紀半ば以降、英米の作家などもこの P.M. ロジェのシソーラスを用いて作品を書いてきたと言われてもいます。

　基本概念カテゴリーとして一括された 15 種を次に示しておきます〔ここでは各々、日本語訳をつけておきます〕。

　　① The Body and the Senses（身体と感覚）、② Feelings（感情）、③ Place and Change of Place（場所と移動）、④ Measure and Shape（計測と形状）、⑤ Living Things（生物）、⑥ Natural Phenomena（自然現象）、⑦ Behavior and the Will（行動と意志）、⑧ Language（言語）、⑨ Human Society and Institutions（人間社会と慣習）、⑩ Values and Ideals（価値観と理想）、⑪ Arts（芸術）、⑫ Occupations and Crafts（職業と仕事）、⑬ Sports and Amusements（スポーツと娯楽）、⑭ The Mind and Ideas（精神と思想）、⑮ Science and Technology（科学と工業技術）

すなわち、雑多に思える**意味の世界**も、つまるところこれら**概念カテゴリー別に 15 種の意味に収束する**ということです。別な言い方をすれば、33 万の英語語彙（事実上、ほぼすべての英単語）は、大まかにはこれら 15 種のうちのどれかに関わる意味をもっていると言えるということです。

　もう 1 つあらかじめ触れておきます。上の 15 種のうちどれかの意味を伝える単語の集合体が文となり、その文の集合体が段落となると考えてよいでしょう。そしてその段落は同義語・類義語 (synonym) を用いての「**換言法**」(paraphrase) と、反義語 (antonym)

を用いての「**対照・対比法**」(contrast) による論理で文がくり返すと言えます。ここでは便宜的に記号を用い前者を A = A'、後者を A ⇔ B としばしば記すこととしますが、具体的には以下の活用例を通しそれぞれ《考え方》の中で見ていくこととします。

どの例ももちろん 850 Basic 語の範囲内で書かれてはいません。しかし、すでにたびたび言いましたが **Basic English で磨き鍛えた基本的な力の下地があれば**、たとえ語彙力不足でも**類推（アナロジー）**により一般の英文の読解や聴解（特に読解）もできるはずです。具体例で見ていきますが、**一般に常識と思われている語もそれが基本的に 850 語以外の語であれば、未知であると想定**します。

I. 活用例（基礎）

1) In reading a book I often find that passages the exact meaning of which I failed at first to grasp become clearer to my mind when I read them aloud.

考え方

　　手始めに 1 文の例ですが、並んでいる語からすると「本のこと、本を読むこと」に関して述べていることは分かります。書き出しが In reading a book... となっています。先に言ってしまえば、言葉の意味の問題でもありますので、上の P. M. ロジェの 15 種の基本概念カテゴリーからすれば文内容は⑧と言えるでしょう。この文は 1 文ですが、さらに段落としてつづいていくなかで、この⑧に関わる広い意味での同義語・類義語が文中で必ずいくつも用いられることになるはずです。そういう一連の**同（類）義語**を示すのが、シソーラスということです。特に評論文では論理の展開上、広義の**反義語**も必ず用いられるはずです。

　この文で often, find, passages, *exact*, meaning, fail, grasp, read

の8語はC.K.Ogden選定の850 Basic語ではありません〔*exact*は形容詞の科学等用語としてのプラスα Basic語で、read は reading であれば Basic 語となります〕。皆さんがすでにどれも知っておられるはずでありましょうこういう語も仮に知らなくても、この文の意味は理解できます。ここでの passages や grasp などの意味も知っておられる人は多いでしょう。実はこの8語のうちの often と find を除いた passages, *exact*, meaning, fail, grasp と、read に -ing の付いた reading の6語は第二部でそれぞれ扱っています。

　上で言いましたように、850 基礎語の知識と Basic English で培った力の下地があれば、この文はまずは「本を読むときに私がoftenにfindすることがthat以下である」と分かります。

　often は副詞であることも分かるでしょう。副詞は深いレベルでは重要な文要素ですが、不思議と一方で、文の大枠を理解するのにはそれほど問題とはならないと言えますので、とりあえずは飛ばし読みでもよいです。

　そして find を仮に知らなくても構文上から動詞であることは分かりますので、とりあえずはすべての一般動詞の意味を包み込む代動詞の do を代入して理解しておいてはどうでしょう。この場合 I often find that ... は I often do find that ... のように、do を代入・挿入して理解しておくということです。

　つづいて that 以下に関係代名詞の which が出てきます。関係代名詞は必ずどれかの語を言い換えるもので、文中では互いに同義語（句）の関係となります。ここでは the *exact* meaning of which の which は passages であることは、Basic English の力があれば当然分かる範囲内のレベルです。ここに「換言法」A = A' の論理があります。そこでこの which を含む論理文が、I failed at first to grasp the *exact* meaning of passages であると構文上から把握できます。

　意味は「私はいくつかの passages の *exact* な meaning を最

初は grasp することに fail した」となります。

　ここで想定上での未知の語 passages, *exact*, meaning, fail, grasp に、既知の語（ここでは 850 Basic 語）をあてがうことで、**同源・同系語**として見えてこないかとじっくり考えるのです。これは第二部で考えたような、同系語を求め語群で一括して見る手法に慣れてくると簡単になるのですが、よく語形を見てみると passages には past（通り過ぎること）、*exact* には act（作用すること）、meaning には mind（心に抱くこと）、fail には fall（落ち込むこと）、grasp には grip（握ること）などが見えてきます。いずれも同じ**語根** (root) をもつ同系語です〔➡ それぞれ第二部、例 (99)、(119)、(28)、(72)、(146)〕。これでこの部分の意味も推測できるようになってきます。

　さらにここでは仮に fail が分からなくても、後ろに空間詞の to があり fail ... to となっています。したがって必ず「ある方向へと至ること → ～ の状態になる」の意味だと考えてよいです。英語は空間詞に注目するのでした。すでに言いましたが、いわゆる前置詞とか、ときに副詞となる語をこの本では「空間詞」と呼びます。そのほうが本質的意味をとらえやすいからでした。

　次に become clearer to my mind が来て、これは Basic English そのものの言い方でもありますので「もっとはっきりしてくる」の意味は分かります。ここが分かれば前の failed at first to grasp が「最初ははっきりしなかった」の意味だと読み取れてきます。ここに「**対照（対比）法**」A ⇔ B の論理があります。become clear と fail to grasp が反義語・対語（句）の関係となります。そして、「最初ははっきりしなかったことが、もっとはっきりしてくる」の意味だと分かります。

　つづいて when I read them aloud とありますので、どういう時に「もっとはっきりしてくるか」が書かれているだろうことが予測できます。代名詞 them は、これまたもちろん必

ず何かの言い換えです。them は複数形ですので、これが何を言い換えたものかは s の付いた passages しか考えられません。passages と them が A = A' でいわば同義語の関係となります。換言法です。aloud は <a + loud> で Basic 語 loud（大声であること）を知っていれば見当はついてしまいます。同系語です。これで全体がほぼ分かったことになります。

　改めて確認すれば全体はおおよそ、「本を読むとき私は、最初はその正確な意味が把握できなかった文を、声に出して read すると、はっきりしてくることを often に find する」となります。

　もうこれで分かったも同然です。read は Basic 語 reading から分かります。ここまで分かれば often は Basic 語の frequently (< frequent + ly) と同義語／類義語であること、また先に do を挿入してみた find はやはり同義語／類義語で Basic 語の see の意味であることも文脈から推測できるでしょう。**Basic English の動詞は 16 語のみで、その 16 語が他のすべての英語動詞に取って代わります**〔巻末付録 1 の〔注〕⑤参照〕。

　なお、passage（文節）は第二部で扱った Basic 語の past、un-Basic 語の compass（コンパス）とも同系語でした〔➡ 第二部、例（99）〕。コンパスの動きをイメージすれば簡単に納得できます。同時にそれぞれの語の語感が獲得できます。

　ここまで考え方を提示されなくても、簡単に理解できると思われる人もあるでしょう。もちろんそういう人はそれでよいのですが、たびたび言いますように、ここでは Basic English の構文力はあるが語彙力に関しては基本的に 850 基礎語の最小限の知識しかないと想定しています。そしてその 850 語をよりどころにし、あらゆる英文が 100% 根っから深く理解できるよう細かく説明を試み、今後の展望ももてるよう考えています。そのように理解してください。

第三部　同源(同系)語／同義(類義)語／反義語から文脈を推理する　179

　　手始めに上の文を扱ってみました。次の例を見てみましょう。考え方の要領は同じです。

2)　　Flies have no sense of hearing at all. They are as deaf as a post. Other senses of flies are so wonderful, and in some respects so superior to those of men, that it is very interesting to find that flies are deaf.

考え方

　これは３文で書かれた段落です。一般に１文で書かれた英文より、複数個の文で書かれた段落英文のほうが分かりやすいですので心配いりません。換言法の A= A'、対照・対比法の A ⇔ B が必ず出てきて、理解の助けになる部分が増すからです。文が増えれば増えるほど分かりやすくなってきます。段落はそのようにできています。

　この段落文中での語で、850 Basic 語以外のものは deaf, *post*, wonderful, superior, find の５語です〔find は上の１）ですでに出てきました〕。イタリック体にした *post*「郵便ポスト」は国際的語彙としてのプラスα Basic 語ではあります〔➡ 第二部、例（91）〕。flies の fly（ハエ・飛ぶ昆虫）は Basic 語です〔➡ 第二部、例（145）解説〕。deaf〔音は /def/〕が未知の語でしょうか。第一文に「ハエはまったく聴覚をもたない」とあるところに注目すればよいです。これは Basic English 文でもあります。まるで例外なしで**段落は第一文がキーセンテンス**となります。そして**必ず以下は A= A' や A ⇔ B の論理で語られる**と考えてよいです。

　次の第二文で They ですので、これはもちろん flies とイコール（＝）となり、それが「*post* と同じように deaf である」となっています。*post* と deaf が対照・対比 A ⇔ B であることも分かります。同時にここで deaf とは、no sense of hearing とイコール（A = A'）であることも分かります。そうであれば deaf と

は「聴覚をもたない」→「つんぼである」の意味だと確信できます。deaf の先頭音 /d/ は dead（死んだ）、death（死）、dark（暗い）などにもありますが「暗さ」を暗示し、実はすべて根本ではつながっています。そして *post* も、この語形をじっくり見て 850 Basic 語中の語をあてがえば、position（置くこと）などと同根をもつ同系語であることも推測できてきます〔➡ 第二部、例 (91)〕。常に置かれているだけで、何も聴かず語らない郵便ポストなど「柱」の意味らしいとも推理できます。またそういう推理力も英文を理解する上では必要です。聴覚についての文ですので、上の P.M. ロジェの 15 種の概念カテゴリーからは①ということになります。

　次に Other senses（他の感覚）とありますので、やはりこれも A ⇔ B になります。そして so ... that とあり、「ハエの他の感覚は非常に wonderful (← *wonder*) で、いくつかの点で人間のものより非常に superior であるので that 以下である」となっています。これは「つんぼであること」をマイナスのイメージでとらえ、その反対のことをプラスのイメージで言っているに違いないことになります。その点では、またも A ⇔ B の対照・対比の論理です。

　そうであれば wonderful, superior は、bad（悪いこと）に対して good（良いこと）を意味する語に違いないことが見えてきます。しかもこの場合、人間の感覚と対照・対比（A ⇔ B）しています。さらに言えば wonderful は *wonder*（驚き → 驚くほど素晴らしいこと）からの派生語で、*wonder* は韻文／聖書用語としてのプラス α Basic 語です。こういうときにもプラス α Basic 語の知識は役立ちます。

　また、superior は [super (= up) + ior] で、super が空間詞の up の意味だと知っているだけでも、この語の意味は必ず「上へ向くこと」です。ましてや次に空間詞の to が来ていますので superior to those of men は「人間の聴覚へ向けては上で

ある→人間の聴覚より優れている」となります。ここではまたも those と other senses が A = A' の関係です。そこで「ハエの他の感覚は非常に良く、いくつかの点で人間のものより非常に優れているので」と解けることになります。

次の that 以下に it が来て、さらにまた別な that があります。ここではそれが it = that 以下で、またもや A = A' となります。そしてここでは「ハエがつんぼであることを find するのは大変面白い」と言っています。上の1）の例でも出てきた find が、Basic English では 16 語しかない動詞の1つ see（分かること・知ること）と同義語の関係となることは明らかとなります。

なお、英語に as deaf as a doorpost [doornail]「ドアの柱（ドアの釘）のようにつんぼである → まったくのつんぼである」の固定表現もあります。as... as... の相関性から、対照・対比によりイメージ化する強意表現です。関連して、as dead as a doorpost [doornail]「完全に死んでいる」という言い方もあります。音的にも as /əz/ が2度くり返されるとともに、deaf, dead, doorpost, doornail と頭韻を踏むところもリズミカルに響きます。as... as... の最初の as は省略もされ、(as)... as ともなります。これでこの段落の意味はすべて分かりました。

それにしても、聴覚の問題は興味深いです。たとえばモーツァルトの高周波数（高ヘルツ）の曲を日本人は英語民族より低く聴くと言われていますが、同じ英音も日本人と英語民族ではそもそも聞こえ方が違うはずでしょう。したがって同じ英音が、彼らには聞こえても日本人には聞こえないことになります。英音は日音に比べ周波数帯（パスバンド：passband）が高すぎて、日本人の民族耳では聞こえにくいわけです。日本語を母国語として身につけた日本人にとって、真の英音に耳を開いていくのは簡単ではありません。コウモリやイルカのような聴覚なら、世界に数千種類ある言語の音もすべて明快に違って聞こえることにもなるのでしょう。

3)

Nov. 5, 1994

My Fellow Americans,

 I have recently been told that I am one of the millions of Americans who will be afflicted with Alzheimer's Disease.

 Upon learning this news, Nancy and I had to decide whether as private citizens we would keep this a private matter or whether we would make this news known in a public way. ...

 I now begin the journey that will lead me into the sunset of my life. I know that for America there will always be a bright dawn ahead.

 Thank you, my friends. May God always bless you.

Sincerely,
Ronald Reagan

考え方

　少し文が長くなってきましたが、長くなれば分かりやすくなるとすでに言いました。もちろん 1994 年 11 月 5 日付けの手紙文だと分かります。書き出しに My fellow Americans とあります。fellow はすでに扱ってはいます〔→ 第二部、例(87)〕。これはとりあえずあと回しにしても、最後に Ronald Reagan とありますので、当然この文は米国第 40 代大統領の R. レーガンがアメリカ人たちに向けて書いたものだと分かります〔全文はもっと長いのですが中略します〕。

　第一文の Basic English の範囲内ではない副詞の recently や、told, afflicted は、やはりとりあえず飛ばしてしまってもよいです。「私は recently に told されましたが、それは (that 以下の) 次のことです」となっています。上の 1) の例でもすでに出てきた同じ that ですが、そもそもこういう接続詞 that は、やはり言い換えです。この場合であれば < I was told it that ...> のように、まず架空のダミーとしての it を置き、それをもう

一度 that とイコールにして言うのだと考えてよいでしょう。it は実際には消去となります。ここではその that 以下が、「私は何百万人ものアメリカ人の1人であり、who 以下です」となっています。

who は関係代名詞で、やはり換言法となる A = A' の語り論法です。ここでは who = I であり、中身が「私は アルツハイマー病に afflicted with されるだろう」となっています。

afflicted が未知の語であっても、ここでは直感で見当はついてきます。この語は接頭辞付きで [af (= to) + flict + -ed] と要素的に分解すれば、語根 flict の意味は分からなくても、接頭辞 af が空間詞の to の意味であることからして、間違いなく「〜へ向くこと」であると確信できます。さらにここでは afflicted with となっていて、この空間詞 with から「くっついた状態」であることも見えてきます。「アルツハイマー病にくっついた状態へと至るであろう → アルツハイマー病にかかるだろう」と理解できます。

afflict の語根 flict (= blow) は conflict（衝突・対立、衝突する・対立する）、inflict（苦痛などを負わせる・苦しめる）などにも現われますが、「打つこと、叩くこと」が原義です。この語根をもつ語は簡素な意味をもつ接頭辞付きとなります。そういう語の意味は**接頭辞**から文脈上ほぼ推測できます。

そしてこの場合、「アルツハイマー病にかかるということが recently に told された」というのですが、そういう病にかかるというのは医師が告げたのでしょう。したがって told は「言われた」であり、同時に recently は副詞ですし、おそらく時を示していて何年も前などではなく「最近」の意味だろうことは推理できます。そもそも recently は [re (= back) + cent (= new) + ly] です。

次の第二文での decide, whether, citizens, matter, known の5語が Basic 語ではありませんが、これも心配ありません。

decide は Basic 語 decision の派生語〔→ 第二部、例（141）〕、whether は wh から疑問の意味の Basic 語 question などと同系列の語であろうという推測もできます〔→ 第二部、例（56）〕。また、文中の known も Basic 語の knowledge の派生語であることは見抜けます〔→ 第二部、例（68）〕。

そこで Basic English 的な言い方である部分と重ね合わせ Upon learning this news, Nancy and I had to decide (← decision) whether (← question) as private citizens we would keep this a private matter or whether ... までは、「この知らせを知り、（妻の）ナンシーと私が決心しなければならなかったのが whether 以下の疑問点です」となります。

そしてその疑問点が i)「私的な citizens として我々はこの matter を公にしないでおくかということ」となります。そして次に or whether we would make this news known (← knowledge) in a public way ... ときています。そこで ii)「あるいは、われわれはこの知らせを公に known (← knowledge) なものとするか」となります。すなわち、i) と ii) が or を介し対比・対照（A ⇔ B）されていることになります。

もう分かってきます。i) のこの私的な matter とは、「自分がアルツハイマー病になること」です。それが ii) の news と基本的にはイコールであり、A = A' です。改めて確認すれば i) での keep this a private matter〔this の後ろに as はなく原文通り〕は、ii) では make this news known in a public way として対比・対照され、A ⇔ B です。private と public は両方とも Basic 語ですが、互いに明確な反義語の関係となっています。

「私的な citizens」の citizen は un-Basic 語の city（都市）と同系語ではありますが、もう「市民」の意味であることは明白です。また、matter は mother（母なること）と同系語であることは見ました〔→ 第二部、例（58）〕。matter を本質的には「母体として抱えこむこと → 重要な問題」のように

考えればよいでしょう。

中略部分につづく次の第三文では begin, lead, sunset が un-Basic 語で、*life* が韻文／聖書用語としてのプラス α Basic 語です〔➡ 第二部、例（104）〕。なお、関係代名詞の that は Basic English では用いず、which とします。「私はこれから旅を begin します」ときて、関係代名詞 that = which によりまたも言い換えとなり、この場合は journey とイコールの A = A' となります。そして「その旅は私の *life* の sunset へと私を lead into することになりましょう」と言っています。

「旅を begin して、その旅が自分の *life* を sunset へと lead me into するものとなる」であれば、begin, *life*, sunset, lead の意味は推測されます。それぞれ「始める」、「人生」、「日没、黄昏(たそがれ)」、「導く」です。sunset の set は Basic 語の seat（座ること）と同系語でした〔➡ 第二部、例（63）〕。この sunset は、Basic English ではやはり合成語で sundown とも言えます。lead は lead me into (< in + to) の空間詞 into から、必ずここでも「～へ向かわせること」の意味となります。一般に**空間詞に注目するだけでも意味は基本的に理解できる**のでした。

さらに次の文は I know (← knowledge) that ... と「私の知るところは（that 以下の）次です」ときて、これも <I know it that> のように考えれば it = that の A = A' となり、つづいてその中身を「アメリカにとっては always [al (< all) + ways] に、明るい *dawn* (← day)〔➡ 第二部、例（147）〕が ahead (← head) にあるでしょう」で結んでいます。すぐ上で自分の人生の日没と言い、ここでは明るいアメリカと言っています。*dawn* は韻文／聖書用語としてのプラス α Basic 語でした。

「自分の人生の暗い sunset（日没）」、「明るい未来のアメリカ」が対照・対比的にここでもう一度出されます。明暗の A ⇔ B の論理です。always「いつでも」、sunset の反義語としての *dawn*「夜明け、日の出」、そして ahead「前方に」は

いずれも分かってきます。

　締めくくりの文での *God*（神）は韻文／聖書用語としてのプラスα Basic 語で、この語は good（良いこと・善なること）とも根元では結びついています。そして bless は韻文／聖書用語としてのプラスα Basic 語 *blessing*（恵み）から、bless（← *blessing*）で分かります〔➡ 第二部、例（64）〕。sincerely もすでに扱いました〔➡ 第二部、例（14）、（50）〕。

　thank（感謝する）に関しては特別な説明は要しないでしょうが、これは印欧祖語 TONG から来ていて「善い心、思いやり」のような意味です。Basic 語の thought（思い）は、この thank と同系語です。Thank you, my friends. May God bless you.「わが友、ありがとう、皆さんに神のお恵みを」で結んでいます。この締めくくりの Basic 語の friends が、書き出しの un-Basic 語 fellow と類義語の関係でつながります。A＝A' となります。fellow は [fe (< fee = payment) + (l) low (= to put)] から来ていて「金銭を分けあって下に置く間柄であること」が原義で、「仲間」の意味です〔➡ 第二部、例（87）〕。

　この手紙文の概念カテゴリーは 15 種のうちの大枠で①、⑭と言っておきましょう。

　アルツハイマー病に悩んだレーガン大統領はその後、2004 年に生涯を閉じました。なお、「アルツハイマー病」は disease を省き 1 語で単に Alzheimer's とも言います。19 世紀～20 世紀にかけてのドイツの精神科医 A. アルツハイマー (A. Alzheimer) の名前に由来する語で、語頭を大文字書きとします。Basic 語 disease は [dis (= not) + ease (= comfort)] で、「安楽でないこと」です。

　ついでながら、ill も Basic 語ですが「悪いこと」というニュアンスです。なお、un-Basic 語 sick に関しては扱いました〔➡ 第二部、例（37）〕。

4) **Powerful typhoon to hit Kyushu Mon.**

A large, powerful typhoon traveled toward the Kyushu region on Sunday after brushing past Okinawa Prefecture, bringing torrential rain and violent winds in the region.

Typhoon No. 19 is forecast to approach the southern part of Kyushu on Monday morning, and move along or make landfall on the Pacific coast from Kyushu to the Kanto eastern region toward Tuesday morning.

考え方

　これにつづく文は省略しましたが英字紙からの時事文で、毎年似た報道内容のものになり、きわめて一般性があります。これまでと同じように考えてみましょう。**段落は同根をもつ同系語、広い意味での同義語となる類義語、そしてやはり広い意味での反義語を用いて文が何度もくり返します。**これを手早く知ることのできるのがニュース報道文です。

　英字紙の記事では i) 見出し（Headline：ヘッドライン）、ii) 書き出し（Lead：リード）、iii) 本文（Body：ボディー）と、基本的に同じことが3度語られます。したがって文中に未知の語があっても、その語は他の箇所で必ず用いられる換言語や対比語により、意味は推測できてしまいます。語彙力をつけるためにも大変有益な資料となります。

　この記事もまずは「見出し」で全体の主旨が盛り込まれています。短い語句に空間詞の to があります。to ですので必ずまたも「〜 へと向く」の意味です。こういう to の前には be が省略されますので、それを補って考えます。そうすると be to となり、「予定」の意味となります。「予定」とは「〜 へ向くこと」です。また、いわゆる冠詞なども一般に省略されてしまいます。したがってこの見出し英語は A powerful typhoon is to hit Kyushu. という一般的な文に復元されます。なお、英文で冠詞の a(an) が文中で the となり論旨が展開す

ること自体も換言法ということになります。これは英文に支配的に現われ、重要な考え方です。そもそも音声的にも弱音の the は、強音の this, that, these, those の弱い意味です。

見出しは「1つの powerful (← power) な typhoon が月曜日に九州地方を hit する予定である」ということですが、power は Basic 語ですので powerful は分かります。typhoon（台風）はそのままです。この語はギリシャ神話の怪物 Typhon（テュポン）から来たと言われていますが、そもそも印欧祖語からは「深い水の中に住んでいるもの（怪物）」のような意味です。中国語の「大風」も経由して英語に入りました。「typhoon が hit する方へと向く予定」であれば、hit は「襲う」の意味しか考えられません。この見出しは「大型台風、月曜日、九州に上陸の見通し」となります。

そして次の「書き出し」と「本文」でこの中身が発展的に述べられることになります。まずは書き出しの第一文ですが、large, traveled (← *travel*) , toward, region, Prefecture, torrential が un-Basic 語です〔ただし、名詞として *travel* は韻文／聖書用語としてのプラス α Basic 語です〕。これらの語も仮にすべて未知であっても、やはりすべて分かります。*travel*, toward, region, prefecture, pacific の5語はすでに見ました〔➡ 第二部、それぞれ例（7）、(44)、(32)、(27)、(117)〕。

A large, powerful typhoon ... のように形容詞 large と powerful を連続的に2語用いるような場合は、そのどちらか一方が既知の語であれば、他方は未知であってもそれは言い換え語であり、類義語であると考えてよいです。そして結果的に1語ではなく2語を用いることで、強意となります。したがって意味は「大変な」と理解してよいです。この場合は「非常に強力な」と考えればよいことになります。

... traveled toward が仮に分からなくても toward の中に空間詞 to があります。したがってこれも必ず「〜の方へ向く」

第三部　同源(同系)語／同義(類義)語／反義語から文脈を推理する　189

の意味ですので、そうであればこの場合 traveled などあってもなくても意味的には理解できてしまいます。元々が toward は [to + ward (= direction)] です。region, Prefecture は知らなければ飛ばし読みでもよいです。この場合、やはりなくてもよいような語です。そこで「非常に強力な台風が日曜日に九州へ向かった」です。

　次の after 以下は時間的には「前」となります。「その前に沖縄を吹き荒らした」となります。この部分に brushing (< brush + -ing)「吹き荒らすこと」がありますが実はこの Basic 語が、先の un-Basic 語 traveled を言い換えた語と言えます。言い換えであれば A＝A' ということになります。

　さらに bring〔➡ 第二部、例（66）〕の -ing 形を用い ... , bringing torrential rain ... となっています。報道文では -ing 語形を用い「結果」の言い方をよくしますので覚えておいてください。こういう -ing は〈and + 動詞の過去形〉に置き代わります。したがって、ここでの ... , bringing ... は、... , and brought ... と同じ意味になります。この部分は「その結果、torrential な雨と暴風を bring した」です。雨の前に来る形容詞など、ほぼ的は定まっていますので torrential の意味など明らかで、この部分は「大雨と暴風をもたらした」の意味と確信できます。

　つづく文が「本文」で、元の原文はまだいくつかの文が書きつづられますが、ここでは省略し１文だけ提示しました。forecast, approach, coast という語が出てきていますし、southern, along, Pacific, eastern という語もあります。これらもすべて分かります。approach の前には空間詞 to があり to approach ですので、これも必ず「～の方へ向くこと」であることが見えてきます。

　そこで ... Monday morning, までは「台風 19 号は月曜日の朝には九州の southern (← south) を approach すると forecast

(← for) されている」です。forecast には for (= before) の異形の接頭辞 fore が付いていますので、「前」の意味と分かります〔➡ 第二部、例 (9)〕。また、approach には接頭辞 ap (= to) が付いていますので、またもこの語が「～の方へ向くこと」の意味をもっていることが分かってきます。この approach は最初のヘッドラインにある hit と A = A' の関係となる言い換え語であることも見えてきます。ここまでくれば forecast, approach がそれぞれ「予測されている」、「近づく」であることは疑いなく確信がもててきます。

次は ... , and move along the southern part of Kyushu / or make landfall on the Pacific coast / from Kyushu to the Kanto eastern region / toward Tuesday morning. です。斜線、下線、破線を入れましたが、この文は斜線部でそれぞれ1つの意味単位をなすと同時に、それぞれ空間詞により台風の位置の**移動経路**が描写されていることは、基本的な英語の構文力から見抜けます。

また、move がありますが、これは Basic 語ではあっても動詞で、Basic English の言い方ではありません。Basic English では move は名詞として用いますので、ここでは move (← move) としておきましょう。この move の前に、前の to approach と並行的に、to を補い to move となることも見抜けるでしょう。なお、toward はここでは「火曜日の朝」に付く空間詞で時間的な方向ですので、やや区別して破線としておきました。

そこで、「そして九州の南部を along (← long) して move (← move) するか、もしくは Pacific coast に上陸する、その Pacific coast は九州から関東地方の東の region で、時が火曜日の朝に向けて (toward ← to) のことである」となります。そもそも台風のことであり、その移動経路です。モノの移動で起点→経路→着点のうちの、特に経路の言い方は英語で重要です。2点を結び線として描写するような表現で、移動事

象の基本型は< w MOVEs FROM x PAST y TO z> のように表記できるでしょう〔MOVEs は Basic English 的には視点の絡む GOes / COMEs となります〕。そしてこの基本型では PAST y が経路です。

　Pacific coast は「太平洋岸」、region は「地域」であるはずでしょう。さらにこういうことが全体として「予測されている (is forecast)」と理解できます。これでやはりすべて分かりました。

　なお、region は印欧祖語 REG から来たラテン系の語で、同系語に Basic 語 rule（支配すること）などがありました〔➡ 第二部、例（32）〕。行政上の区分から region という英語になりました。prefecture は接頭辞 pre の付いたやはりラテン系の語で、すでに例として扱っています。語根 FAC をもっています。これも行政上の区分と関係しています。prefecture が [pre (= before) + fect (= to make, do) + ure] であったことをもう一度確認しておいてください。「県・府」の意味です〔➡ 第二部、例（27）〕。

　また、Pacific coast（太平洋岸）に関連してですが、pacific（穏やかな）は印欧祖語 PAG とその異形の PAK から来て、Basic 語の peace と同系語でした〔➡ 第二部、例（117）〕。

　さらに関連して、Pacific Ocean（太平洋）は 16 世紀に、ポルトガルの航海者 F. マゼラン (F.Magellan) が 5 隻の船で世界周航を試みているとき、荒れた海での航行から急に静かで穏やかな海に出たので、それを the Pacific Ocean（穏やかな海 → 太平洋）と命名したことで知られています。ocean に関しても触れておいたところがあります〔➡ 第二部、108 頁〕。

　今日、南米の南端とフエゴ島の間の海峡がマゼラン海峡 (Strait of Magellan) となりました。ここは狭く、強風が吹き、航行には大変な難所となったのですがマゼランは通過しました。1520 年のことと言われています。マゼラン自身は翌年

にフィリピンで原住民との戦いで死亡しましたが、部下の1隻が世界周航を達成しました。1522年のことでした。

　ついでながら、strait（海峡）は、Basic 語 straight, stretch と同系語であることもすでに見ました。張りつめた感じをもつ語でした。科学等用語としてのプラス α Basic 語の *strain*（ひずみ・変形）、*stress*（圧力）や、un-Basic 語の strict（厳格な）なども、すべて狭く張りつめた感じを原義にもっています。改めて確認されるとよいです〔➡ 第二部、例（4）、(97)〕。

　また、coast（海岸）は「骨、あばら骨（肋骨）、側面」を意味する印欧祖語 KOST から来ました。肋骨は身体の傾いた側面にある骨です。これがラテン語を経て「海辺の傾いた側 → 海岸 → 斜面 → 丘の斜面」のように意味拡張されたわけです。このあたりから今日の roller coaster（ジェットコースター）などの英語ともなりました。この KOST からは肉の cutlet（カツレツ）という語も生まれたのですが、cutlet は [cut (= meat bone) + let (= small)] ということです。

　この段落は自然現象を伝えるもので15種の概念カテゴリーからは⑥の分類ですが、部分的にはモノ（この場合は台風）の位置・位置の移動ということから③を含んでいます。

例は無限にありますが、基礎レベルでの活用例を見ましたので少し飛躍して、次に文学作品の小説文や評論文など応用レベルのものを扱います。語彙力不足でも最小限の語彙力でそれが分かれば、基礎レベルのものの平易さはさらに実感できます。

II. 活用例（応用）

　Ⅰの活用例（基礎）の《考え方》で詳細に説明しましたが、このⅡの活用例（応用）での考え方の要領もまったく同じです。多くの考え方があっては煩雑(はん)です。文例のレベルは上がりますが、似た簡素な考え方でいけると思います。やはり**基本的に 850 基礎語の語彙力と構文力だけをたよりに、またそれしかないと想定**し理解できないかを考えていくことになります。

　次の１）は第一部の冒頭２）で引き合いに出した例で、この第三部でもう一度改めて扱うと断っておいたものです。そこでも書きましたが、これは米国第 16 代大統領 A. リンカーン (A. Lincoln) が南北戦争（1861 ～ 65 年）中に戦地ペンシルベニア州・ゲティスバーグで行った演説です。ここでは中略もしましたが、第二次世界大戦後に連合国軍最高司令官総司令部（General Headquarters of the Supreme Commander for the Allied Powers（GHQ/SCAP））の D. マッカーサー (D. MacArthur) 元帥の下で、このリンカーンの演説を基に今日の日本国憲法前文の一部が草案されたと言われています。

　先にはこの意味を、Basic English への書き換え文で提示しただけにしておきました。意味が Basic English で示され、それが理解できればとりあえずはよいという考え方からでした。改めてどうでしょう。ここで確認しておくこととしましょう。

1)　　Fourscore and seven years ago our fathers brought forth upon this continent, a new nation, conceived in liberty, and dedicated to the proposition that all men are created equal. Now we are engaged in a great civil war, testing whether that nation, or any nation so conceived and so dedicated, can long endure. ... It is rather for us to be here dedicated to the great task remaining before us; ... that this nation, under God, shall have a new birth of freedom; and that government of the people, by the people, for the people, shall not perish from the earth. — Abraham Lincoln, *The Gettysburg Address*

考え方

　第一文に fourscore, ago, brought, forth, continent, conceived, liberty, dedicated, proposition, created と 10 語の 850 Basic 語以外の un-Basic 語が出てきています。これまで見てきた考え方と知識で、これらの語が仮に未知でも意味はやはりすべて分かります。

　score は「20」の意味でしたし〔➡ 第二部、例 (6)〕、ago は [a (= to) + go (< gone)] でした〔➡ 第二部、例 (127)〕。brought はすでに先の活用例（基礎）で見ましたので省略します。forth は for (= before) の意味をもっていて「前方のこと」でした〔➡ 第二部、例 (9)、(10)〕。continent は [con (= together, with) + tinent (= stretch, to keep)] で、tinent, tain, ten, tend などは印欧祖語 TEN から来ていて、「連続していて、張りつめていること」や「保持すること」の意味です。原義は「土地 (land)」のことで、continent とは「共に保有する連続 (*continuous*) した土地」のことでした〔➡ 第二部、例 (19)〕。

　また、conceive は [con + ceive (= to have)] でした〔➡ 第二部、例 (2)〕。同時にこの部分は ..., conceived in liberty, ... と空間詞の in がありますので、必ず「中に入ること」を意味することになります。liberty は Basic 語では level などとも同系で、心が軽くなる意味でした。「のしかかる負担などを持ち上げ、軽くすること」でした〔➡ 第二部、例 (71)〕。

　さらに dedicate は [de (= down, away) + dic (= to say) + ate] ですが、そもそも dedicated to と空間詞の to を従えていますので、これまた必ず「～の方へ向けること」となります〔➡ 第二部、例 (46)〕。proposition は [pro (= before) + position] で、何かを「前に置いてみること」の意味です。接頭辞 pro からだけでも必ず本質的な意味が分かり、この場合であれば

必ず「前方」の意味が背景にあることになります。create は [cre (= to make) + ate] で、同語根をもつ Basic 語に increase [in + crease (= to make)] があり「増やすこと」の意味です。un-Basic 語でこれと同根の語に concrete（具体的な・固める・コンクリート）もあったことを思い出せばよいです〔➡ 第二部、例 (14)〕。concrete は [con + crete (= to make)] で、「完全に作ること」です。

　10 語の意味はすべて語根から類推でき、Basic 語に換言もされます。ただ、この場合の created は文中で ... are created equal ですので、created は飛ばし読みでも ... are equal（平等である）から事実上、意味は理解できてしまいます。be は左右の 2 項をイコールの関係で結びつけます。

　ここで Basic English で身につけた構文力からも、第一文は次のように分かります。すなわち、「4 × 20 + 7 年 ago (< a + gone)、我々の祖先がこの continent (← *continuous* / land) に 1 つの新しい国家を brought し、liberty (← level, free) の中で that 以下のようなことを前面に出すこと (proposition) へ dedicated to しました、その that 以下とは、どんな人間も平等であるということでした」となります。これに上で確認した原義を代入すれば、「87 年前に我々の祖先がこの地に 1 つの新しい国家を築き、自由になり、そしてどんな人間も平等につくられていると主張しました」となります。

　次の文では 活用例（基礎）ですでに見た whether と、上で出てきた conceived, dedicated を除けば engaged, civil, endure の 3 語が 850 Basic 語中のものではありません。そこでまた考えていきましょう。engaged の後ろに空間詞の in があり、... are engaged in ... となっています。したがって、これも必ず「～の中に入っていること」の意味となります。civil はやはり活用例（基礎）で見た citizen（市民）と同じ語根をもつ同系語なのですが、ここではアメリカ史における great な war から

「南北戦争」であることは明らかです。

　endure は un-Basic 語の during（〜の間）、duration（持続）、durable（持ちこたえる・長持ちする）などと同系語なのですが、分からなくても接頭辞の en (= in) をもっています。したがって、またも空間的な意味が出たことになります。**空間詞の意味さえ押さえれば本質的な意味は分かる**のでした。必ず「中に入っていること」です。

　whether 以下に so conceived and so dedicated とあります。so（そのように）とあれば言い換え語を用いることも多いのですが、この場合は上で言ったことをそのままくり返しています。この種のくり返しも活用例（基礎）でいくつか確認した一種の換言法 A = A' としておきましょう。

　そこでこの文は「今やわれわれは大きい civil な戦争の中に engaged in しています、そして whether (← question) 以下のことを試しています、その whether 以下とは、そのように conceived in され、そのように dedicated to された国家は、どの国家であろうとも、長く endure (← in) できるかどうかなのであります」となります。ここでまた推論された語を代入し整理すれば、「今やわれわれは大きな内戦の最中にいます、そしてそのように考えられ、そのように主張された国家（この国家）、あるいはどの国家でも長きに渡って持続できるかどうかの試練にあるのです」のようになります。

　つづいて末尾までの文中には rather, task, remaining, *God*, shall, freedom, *people*, perish という語が使われていますが、今度は構文の面から先に見て、そのあとで各語について簡単な説明を加えることとしましょう。まず It is rather for us to be here dedicated ... とありますので、頭の It は to 以下で言い換えていく換言法の構文 (A = A') となります。 ... be here dedicated to the great task ... の部分では、here が dedicated の後ろに配置される be dedicated here と同じであることは構文

力から見抜けるでしょう。なお、この here は [he (= this) + re (= place)] です。関連し there は [the (= that) + re (= place)] です。「場所」の意味をもつ語尾 re は他に where もありますし、yonder（そこに・そこで）なども語尾は re ではなく er ですが同じです。文中の2箇所にあるセミコロン（;）は、そもそもが A ⇔ B の対照法の形式であることにも注目しておきましょう。そこで次のようになります。

「rather に、われわれにとってはここで大きな task (← tax) に向けて dedicated to であることです、その task がわれわれの前に remaining [re (= back) + main + -ing] しています；…（that 以下の）次のことを言っておきます、それはこの国家が *God* (← good) の下で1つの新たな freedom (← free) を生み出す〔shall (← will)〕ということです；さらにまた (that 以下の) 次のことを言っておきます、すなわち *people* (← public) の、*people* による、*people* のための政治は世で perish (← through) しない〔shall (← will)〕ということです」。

　何だか妙な言い方に思えるかもしれませんが、**分からないことが分かるようになるためのステップ**だと考えてください。分かるようになる手がかりを得るにはこうするしか仕方がありませんし、またこうすればよいでしょう。

　rather は副詞ですので、全体の意味を大枠で理解するにはそれほどは問題にならないと言いました。語尾に er が付いています。rather は元来が「早いこと・速いこと」を意味した印欧祖語 KRET の比較級だったからなのですが [cf. rathe (機敏な)]、er（/ər/ の音）を比較級と考えれば必ず「～より、～以上に」の意味となります〔➡ 第二部、例 (96) 解説〕。同時にここでそれが対照・対比 A ⇔ B であることも分かってきます。ただし、ここでは前に中略部分があって明確にはその対照・対比は現われていないことになります。

　task はすでに扱いました。印欧祖語の /d/ の音素が /t/ と

なった語で、Basic 語の tax（税金）とも同系語でした〔➡ 第二部、例 (11)〕。「義務のあること」のような意味をもっています。dedicated は先に出ていた語です。remain は上で記したように [re (= back) + main < man] なのですが、語根 man は手 (hand) の意味で〔➡ 第二部、例 (24)〕、un-Basic 語の manor（所有地・荘園）、mansion（マンション）、permanent（永久の）などとも根元ではつながっています。「留まること (to be)」の簡素な意味をもっているのですが、分からなくても接頭辞の re が付いていますので、ここに目をつけたらどうでしょう。

　イタリック体にした *God* は活用例（基礎）で確認しました。韻文／聖書用語としてのプラス α Basic 語でした。shall は動詞の前に置かれている語で、心の持ち方と関わる法助動詞で、Basic 語では語形も似ている will や、may とも意味は近いはずです。freedom は free の派生語であることは分かります。元来、dom は「土地」や「領土」の意味でしたが、次第に抽象的な「権利」や「支配」を意味するようになりました。今日 un-Basic 語の dominate（支配する）、dome（建物・ドーム）、domestic（家庭の・国内の）などの英語となっています。

　people は第一部でも触れましたように Basic English では韻文／聖書用語としてのプラス α 語ですが、public と同系語です。これは語形からも推測できます。perish もすでに扱いました〔➡ 第二部、例 (33)、(107) 解説〕。[per (= through, complete) + ish (= to go)] が原義です。ここでの文脈とはまったく関係はありませんが、語として perishables (< perish + able + s) は「生鮮食料品」の意味だと言いました。「腐りうるもの → 生鮮食料品」は英語としてまさに味のある語です。

　そこでまた改めてこの部分の意味を整理すれば、次のようになることが類推で分かってきます。「むしろ、われわれにとっては、ここで大きな任務・責任を果たすことです。その

任務・責任がわれわれの前途にあります。この国家は神の下で、自由を生み出します。また、人民の人民による人民のための政治はこの世から滅び去ることはないということです」。

　これで１）はすべて理解できたことになります。なお、この段落をP.M. ロジェ(P.M. Roget) の15種の基本概念カテゴリーから見れば、戦地での大統領による演説であり、⑦、⑨、⑩が重なり合っていると言えばどうでしょう。

　次の例はまさに21世紀の始まりに起こった史上最悪のテロとして今もよく知られていますが、2001年9月11日の朝に米国のニューヨーク、首都ワシントン、ペンシルベニア州で起こった同時多発テロに関するものです。4機の航空機によるテロで、3,000人以上の命が奪われました。その日の夜、当時のブッシュ(G. Bush, Jr.)大統領がテレビで声明を出し、全世界に伝えられました。声明全体の文脈上の流れに関しては省略し、ここでは締めくくりの部分だけを見てみます。音源からの書き起こし文です。

2)　Tonight I ask for your prayers for all those who grieve, for the children whose worlds have been shattered, for all whose sense of safety and security has been threatened. And I pray they will be comforted by a power greater than any of us, spoken through the ages in Psalm 23 : "Even though I walk through the valley of the shadow of death, I fear no evil, for You are with me."

　This is the day when all Americans from every walk of life unite in our resolve for justice and peace. America has stood down ene ... enemies before, and we will do so this time. None of us will ever forget this day, yet we go forward to defend freedom and all that is good and just in our world. Thank you. Good night, and God bless America. ― *George Bush's Response to Terrorist Attacks*

> **考え方**

　やはり 850 Basic 語以外の語は基本的に未知だと想定し、Basic English で鍛えた構文力をたよりに見ていきます。次のように文は流れます。

　「今晩、私は皆さんがたの *prayers* を ask for します、それはすべての人〔= grieve (← *grief*) する人〕のため、children (← *child*)〔= 彼らの *worlds* が shattered された children〕のため、すべての人〔= safety (← safe) と *security* (← care) の感覚が threatened された人〕のためにです。そして私は pray (← *prayer*) します、彼らがわれわれの誰よりも偉大な力によって慰められることを pray します、このことは Psalm 23 の中で *ages* を通して spoken されました、すなわち、"たとえ私は死の *shadow* の *valley* を walk (← walk) しても何ら *evil* を fear (← fear) しないのだ、なぜなら、あなたが私とともにあるからだ" ということです」となります。

　850 語を基本とした Basic English で養った英語力があれば、少なくともこういうレベルでは分かるはずです。そこで何かと類推するのです。ここでは単なる推測でも意味がほぼ見えてこないでしょうか。やはり関係詞などで言い換えられている A = A' の論法も見られます。文脈を推理するのですが、**類推により推理力を養う**ことも英語文を理解する上で必要だとも言いました。

　実はこの中でイタリック体にした語 *prayer, grief, child, world, security, age, shadow valley, evil* が、すべてプラス α Basic 語なのです。巻末付録 2 で確認してみてください。この例からだけでも、プラス α Basic 語の知識もあれば英文がもっと理解しやすくなることが分かるのではないでしょうか。*prayer*（祈り）、*grief*（悲しみ）、*child*（子供）、*world*（世界）、*evil*（悪）は韻文／聖書用語としての、そして *security*（担保・保障・安全）、*age*（時代）、*shadow*（影）は科学等用語

としてのプラスα Basic 語です。

さらに *valley*（谷）は、科学等用語と韻文／聖書用語の両方の分野にまたがってのプラスα Basic 語でした〔➡ 第二部、例（69）〕。プラスα Basic 語は一般の英文中でよく用いられます。特に韻文／聖書用語は何かと頻出します。

上での大枠の意味を示した日本語文中で、品詞転用などによる矢印（←）を付けた派生語以外で un-Basic 語は、ask, shattered, threatened, spoken, Psalm の 5 語です。ask の後ろに空間詞の for があり ask for となっています。この for から ask の意味を知る手がかりを得たらどうでしょう。for は前の活用例（基礎）でも出てきましたが、原義は空間的に「前面に出すこと」でした〔➡ 第二部、例（9）、(10)〕。それが「求めること」の意味にもなります。

したがって ask for *prayers* はこの場合の文脈を推理すれば、悲しい出来事があり、それに対して何かの言葉を求めることであることが分かってきます。すぐ下には Basic 語でプラス（＋）のイメージ語の comforted ともあります。pray して comforted（慰められる）であれば *prayers* は「祈り」であることが推測でき、同時に ask for が for からだけでも類推・推測され「頼む」の意味だと分かってきます。

さらに grieve もプラスα Basic 語の *grief* を知っていればさらによく分かりますが、知らなくても文脈からしてマイナス（−）のイメージ語であるはずです。「嘆き悲しむ」の意味だと推測がつきます。これは印欧祖語 G^{w}ERə ⇒ GRAV から来ていて、「重いこと」が原義です。なお、祈り (*prayer*) によって悲しみ (*grief*) がなくなり慰められる (comforted) とは、対照・対比 A ⇔ B の論理とも言えます。

つづいてこの文の末尾までは似た内容がくり返されています。まず whose (= children's) *worlds* have been shattered とあります。実はこの出来事を目にして最も驚いた人は、世の中

ですでに何かと体験を積んだ大人ではなく、人間としてなお未熟な children (← *child*) であったでしょう。これは「子供たち」のはずです。大都市ニューヨークでは2機の航空機が高層ビルに突っ込んでいったのを目にしたわけです。shatter などの母音 /ǽ/ は衝撃音も暗示します。

　彼らがそれぞれ描く世のイメージはどうなったのでしょう。信じられないものとなったわけです。shattered はやはりマイナスのイメージ語のはずで、「壊された」でしょう。shatter など語尾に er を持つ動詞は、しばしば反復の意味をもちました〔➡ 第二部、例 (6)、(145) 解説〕。したがって全体は「彼ら（子供たち）のそれぞれの *worlds* が打ち砕かれてしまった」の意味となります。彼らのものは1つではなく、それぞれが心に抱く *worlds* で s のつくものというわけです。「世の中」の意味だと推測できます。

　さらにつづいて whose (= all men's and women's) sense of safety and *security* has been threatened とあります。safety は Basic 語 safe の派生語であることは理解できます。*security* は第二部で扱っていませんが、[se (= off, away) + cur (= care) + ity] で「世話、監督、注意のいらないこと」と分析できます。ただ、今日「セキュリティー」という日本語にもなっていますし、この場合 safety ← safe が分かれば、2語の名詞が連なっていますので似た意味の類義語として並べたものではないかという推測もできます。活用例（基礎）でも似た意味の形容詞が類義語として並列される例をすでに見ました。safety and *security* は事実上、同じ意味であり換言法 (A = A') です。

　そこで whose sense of safety (← safe) and *security* (← care) has been threatened 「すべての人の安全な気持ちが threatened されてしまった」の threatened は当然、簡素な言い方をすれば「なくなった」ということに違いありません。「脅かされてしまった」ということになります。実はこれは文脈から推

理すれば、すぐ上でのshatteredの換言法（A=A'）的な語であることも見えてきます。**段落文はくり返す**ということです。これで第一文は100%意味解釈できました。

　第二文には文中にコロン（：）がありますので、後半部は前半部を言い換え・発展させたA=A'の内容だと読み取れます。祈りをすれば、誰よりも偉大な力により慰められるというのですが、「偉大な力」はもう「神」しか考えられません。そしてin Psalm 23の後ろのコロン以下が引用符（" "）の付いた文です。この文はアメリカ人からすれば常識的に聖書の言葉からの引用に違いありません。「聖書のPsalm 23にある言葉」と「*ages*を通してspokenされました」を照合すれば、sの付いた*ages*は「長い年月」、spokenは「語り継がれてきた」の意味と類推・推理できてきます。

　Psalm 23に相当する日本語がどうしても分からなければ、とりあえずは単に「聖書には次のような言葉のある箇所があります」とか、「サーム23」などと言っておいてもよいでしょう。聖書からの引用部分であることさえ分かれば、ここではそれほど問題になりません。この日本語訳は「詩編23」で、旧約聖書中の詩を集めた書の一篇です。

　詩編はイスラエル第2代の王、ダビデ(David)の詩集だと言われています。神をたたえ、打楽器のハープを弾きその音に合わせて詠われる詩としてpsalmは「賛美歌」の意味でもあります。スペリングからも見当はつきますがギリシャ語系の語で、印欧祖語のPAL「触れること、感じること」から来ています。ラテン語を経由して今日、palpitate（震える・心臓が動悸を打つ）、palpitation（震え・心臓の動悸）などの英語になっています。

　引用符の中身がEven thoughで始まっていて、これもいわば対照・対比A⇔Bでもあります。Even though I walk (←walk) through the *valley* of the *shadow* of death, I fear (← fear) no *evil*, for You are with me. のプラスα Basic 語 *valley, shadow, evil* を飛び越して読んでも、「たとえ私が死の道を歩けども、何ら恐れない、なぜならあなたが私とともにいてくださるからです」の意味が見えてきます。

valley, shadow の意味はそれぞれ「谷」、「影」ではありますがマイナスのイメージ語として用いられています。*evil* がマイナスのイメージ語であることも明らかです。「悪、邪悪」の意味です。walk, fear は Basic English では名詞なのですが、ここでは動詞として用いられています。また、ここで You と y が大文字書きでもあり、特別な You で「神」であることも分かります。

for が「なぜなら」という「理由」の意味になるのは、やはり原義が「前面 (before) に出すこと」で、理由は前面に出てくるものだからでした〔➡ 第二部、例 (9)〕。

次の段落の最初の文は This is the day when all Americans from every walk of *life* unite (← unit) in our resolve [re (= back, again, complete) + solve (← *solution, solvent, resolution*)] for justice (← judge) and peace. のように考えたらどうでしょう。イタリック体の *life* は先の活用例（基礎）でも出てきた韻文／聖書用語としてのプラスα Basic 語で、un-Basic 語の unite と justice にはそれぞれ Basic 語の同系語 unit（1 つになること）、judge（正しく判断すること）をあてがってみました〔➡ 第二部、それぞれ例 (41)、(46)〕。意味は「今日は (when 以下の) 次のような日となります、あらゆる層のアメリカ人が団結する日です、それをわれわれの resolve の中で justice と平和のためにするのです」となります。

resolve は語形からプラスα Basic 語の *solution*（溶解）、*solvent*（溶媒・溶剤）、*resolution*（解決・解析）をあてがって考えると、「解きほぐすこと」のような感じの語であることが見えてきます〔➡ 第二部、例 (84)〕。

第三部　同源(同系)語／同義(類義)語／反義語から文脈を推理する　205

　仮にこれらをすべて知らなくても in our resolve と空間詞 in がありますので、必ず「中」にあるものです。「心の中にあるもの」と考えれば「決意、決心」のような意味ではないかと推測がついてきます。さらにそれが justice と平和のためであれば、justice は「正義」だと確信がもててきます。in our resolve for justice and peace は「正義と平和を求める決意で」ということになります。

　次の文は「アメリカはこれまで enemies [en (< in = not) + emies (= love, friend)] を stood (← stage) してきました、そして今回そうします」です。enemies は「敵」と解けます。前の ene ... は言い淀みです。そして stood は down という空間詞からも推理すれば、この部分が「敵に立ち向かってきた」の意味だと分かってきます。down は意味に強さがあります。同時に「今回そうする」とは「報復手段をとる」と宣言したことになります。なお、Basic 語の stage, un-Basic 語の stood (< stand) も確認しておきたいです〔➡ 第二部、例(62)〕。

　そして「われわれの誰もこの日を決して forget しないでしょう、yet (← yes) われわれは前進し、自由と、われわれの世界のあらゆる善と正義を defend します、ご静聴を感謝します、おやすみなさい、アメリカに神のご加護がありますよう」で、ここでの最後の部分は活用例（基礎）の 3)ですでに見た言い方に準じた英語的な言い方です。forget は < for + get> で、「手にはいるものが前」→「思い出せない、忘れる」でした〔➡ 第二部、例(10)〕。yet は yes と同系語でした〔➡ 第二部、例(36)〕。したがってそれを畳みかける強めの語となっています。defend は [de (= off, away) + fend (= blow)] です〔➡ 第二部、例(55)〕。「叩いて放す」→「守る」となります。

　ここでもやはり、すべて語彙的には基本的に 850 Basic 語、そして構文的には Basic English をよりどころにして、めで

3)　　　The only important thing in a book is the meaning it has for you ; it may have other and much more profound meanings for the critic, but at second-hand they can be of small service to you. I do not read a book for the book's sake, but for my own. It is not my business to judge it, but to absorb what I can of it, as the amoeba absorbs a particle of a foreign body, and what I cannot assimilate has nothing to do with me. — Somerset Maugham, *The Summing Up*

考え方

　これは英国の作家 S. モーム (S. Maugham) の作品 *The Summing Up*『要約すると』からの引用で評論文です。最初のピリオドまでの文中に un-Basic 語の meaning, profound, critic, can、そしてプラスα Basic 語の *service* がありますが、このうち profound と *service* 以外の3語 meaning, critic, can は扱ってはいます〔➡ 第二部、それぞれ例(28)、(128)、(68)〕。しかしすべて知らないため、意味がよく理解できないとまたも仮に想定します。

　まず次のように文が流れます。「本の中で唯一重要なことは meaning (← mind) です、それがあなたにもつ meaning です、それは the critic (← credit) のためには他のさらにもっと profound (← pro + found) な meanings があるかもしれません、しかし間接的では(また聞きでは)その meanings (= they) は、あなたに can (← may, will) be of *service* (← servant) となることは少ないです」となっています。servant（召使）に関しては実は扱いはしました〔➡ 第二部、例(94)解説〕。*service* も Basic 語 servant も印欧祖語 SER ⇒ SERVUS から来ていて、同系語です。meaning と critic にも矢印 (←) で示した Basic

語の同系語の例をそれぞれあてがってみました。なお、付け足しになりますが servant, *service*（サービス）は、実はプラスα Basic 語の *desert*（砂漠）や un-Basic 語の dessert（デザート）とも同系語です。*desert*, dessert は接頭辞 de の付いた [de (= off, away, not) + (s)sert (= to take)] で、「役立たず見捨てること」が原義です。「デザート」も、それでもって料理のサービスは終わりということです。

　とりあえずこの文の but 以下を見てみます。動詞の前に置かれている can は構文的に助動詞だろうということから、Basic 語の may, will と置き換えても理解できるのでした。そして次の文が「私は本をその本の sake で read (← reading) するのではなく、私自身の sake で読みます」となっています。前半と後半が対照（A ⇔ B）されていることが分かります。

　ここではそもそも空間詞の for がありますので sake は実は飛ばし読みでも、基本的な意味は必ず定まっています。何かが「前面に出てくること」でした。したがって sake を無視しても、「私は本をその本のために読むのではなく、私自身のために読みます」と理解できます。read の例は活用例（基礎）にもありました。ここまでくれば、前の but 以下の文中の can be of small *service* to you は「あなたのためになることは少ないでしょう」と分かってきます。同時に、「the critic のためにはなる」ということから、you と the critic の対照・対比（A ⇔ B）も見えてきます。第一文にはセミコロン（；）もあります。

　さらに次の It is not my business to judge it. の最初の it は it = to judge it、末尾の it は it = book でそれぞれ言い換え（A ⇒ A'）ですので、「本を judge (← judge) することが私のすることではなく」となり、「そうではなく、私がそれから can absorb するものを absorb します」とつづきます。judge は上の例 2) でも扱いました。この文も but を挟んで前後で

対照（A ⇔ B）されています。... , but to absorb what I can of it. の can の後ろに absorb が略されていることは構文力から見抜けます。その次の of はそもそもが of (< off) で、空間の off から来ていることを把握していれば、ここでの of は out of の of だとも推測できるでしょう。

さらに、ここでの judge は動詞で、使い方は Basic English ではなくても語そのものは Basic 語ですので「判断する、評価する」と分かります。absorb も実はすでに扱っていますが〔➡ 第二部、例（37）〕、さらにこれはプラスα Basic 語に *absorption* がある〔➡ 第二部、例（37）〕ことからすれば「本を評価することが私のすることではなく、私がそれから can (← may) absorb (← *absorption*) するものを absorb します」と考えることもできます。

absorb の意味が徐々に定まってきましたが、なおはっきりしないでしょうか。この語は接頭辞付きです。[ab (= off, away, away from) + sorb] であることからすれば、必ず「〜から取り去ること」の意味であることは確信できます。一般に接頭辞にも組み込まれているのですが、空間詞の意味さえ押さえれば意味は推測できると、たびたび言いました。

そこで、本を評価・価値判断 (judge) する人とは誰か？ですが、それが the critic だと分かります。それも the が付いていますので特定の人で、the critic と単数形でひとまとめになる定まった人ということになります。そうであれば当然、そういうことを専門にする集団である「批評家たち、評論家たち」だと決まります。実は judge と critic が A = A' で、言い換え語の関係にあるということも分かります。いわゆる冠詞は限定詞とも言いますが、すでにポイントとしたように the そのものも換言法（A= A'）の考え方と結びついています。

そしてまたここまで分かれば、profound meanings が「深い意味」であろうことも見えてきます。profound の pro は「前」

第三部　同源(同系)語／同義(類義)語／反義語から文脈を推理する　209

の意味です。そして found は un-Basic 語での fundamental（根本的な・基礎の）、fund（基金）、foundation（基礎・創設）などとも同系語で、「深いところ、根底にあること」が原義です。これらの語の印欧祖語は BHUDH でしたが、先頭音の /b/ は un-Basic 語の bottom（底）には残っていますが、/f/ となりました。なお、ついでながら bottom の類義語である Basic 語 base は、ルーツが違い同系語ではありません。

　次を見ます。as が来ていますので、対照法（A ⇔ B）だということになります。「まさにこのことは、amoeba が foreign な物体の *particle* を absorb するのと同じです」とあり、さらに「そして私が cannot (← may not) assimilate なことは私には関係のないことです」となっています。ここで分かってくることが、前の absorb と assimilate が換言法（A = A'）だということです。さらにまた前の is not my business と has nothing to do with me も換言法の言い方だと言えます。

　assimilate もすでに見てきたのですが〔➡ 第二部、例(50)〕、語形をじっくり見て Basic 語の same をあてがってみればどうでしょう。assimilate (← same) のように考えるわけです。同じ語根をもつ同系語で「同じにすること」が原義でした。un-Basic 語 similar も同系語でした。

　as the amoeba absorbs a *particle* of a foreign body の部分を再び見てみます。amoeba の「アメーバ」は分かります。この am(o)eba はギリシャ語系で、ラテン語を経て英語になった語です。*particle*, foreign は扱いました。*particle* は [part + icle (= small)] で、「小さい部分」ということになります〔➡ 第二部、例(93)〕。また、foreign は [for (= before, out) + reign (= rule)] で、「外部の支配」の原義をもっています〔➡ 第二部、例(10)〕。それから類推すれば、foreign body は「外部の body → 外の物 → 異体」などと分かってくるはずです。同時に、上で見たように absorb が [ab (= off, away, away from) +

sorb] であれば、全体は「アメーバが異体の微粒子を吸収するように」の意味であると理解できます。

amoeba は不思議な生物に思えますが、印欧祖語 MEI からで原義は単に「変化すること (change)」です。permeate（浸透する）とも同系語です〔→ 第二部、例 (33)〕。約 20,000 語の意味をすべて 850 Basic 語で説明する C. K. Ogden 監修の辞書 *The General Basic English Dictionary* ではこれを、'a simple jelly-like animal of an ever-changing form, so small as to be seen only with a help of an instrument'「常に形を変える単純なゼリー状の動物（生物）で、非常に小さく、機器でしか見ることができない」と定義しています。定義と言えば、ここでの文脈とはまったく関係ありませんが、米国のジャーナリストで小説家であった A. ビアース (A.Bierce) が 20 世紀初頭に著わした *The Devil's Dictionary*『悪魔の辞典』という不思議な辞典があります。これは本来の原義からとは別に面白い観点から 2 項 A, A' を結びつけ、A = A' として換言することで語の意味を定義しますが参考になります。

上の文にもどり、付け加えておきますが foreign の for は「ドアの前」が原義で、un-Basic 語の forest（森）とも同系語でした。reign（支配・統治）は Basic 語の rule（支配）の意味でした〔→ 第二部、例 (32)〕。foreign, reign の語中の文字 g は印欧祖語 REG の /g/ の音の名残りです。

最後の部分では and what I cannot assimilate (← same)「そして私が吸収できないことは」、has nothing to do with me「私には関係ありません」と言っています。

15 種の基本概念カテゴリーからは、この例文の全体内容は⑧、⑩と言っておきましょう。これでまたも 850 Basic 語を基本に、この文が 100% 理解できたことになります。

4)   He always thought of the sea as *la mar* which is what people

第三部 同源(同系)語／同義(類義)語／反義語から文脈を推理する 211

call her in Spanish when they love her ... . Some of the younger fishermen ... spoke of her as *el mar* which is masculine. They spoke of her as ... even an enemy. But the old man always thought of her as feminine and as something that gave or withheld great favours, and if she did wild or wicked things it was because she could not help them. The moon affects her as it does a woman, he thought. — Ernest Hemingway, *The Old Man and the Sea*

考え方

　一部を中略しましたが、これは米国の作家 E. ヘミングウェイ (E. Hemingway) の『老人と海』からの一節です。文中のイタリック体 *la mar, el mar* は原文どおりです。彼の作品は簡素な文体で書かれますので注目に値します。ただし、どの作品も文体は簡素でも意味に含みがあり、象徴性に富むがゆえその解釈は意外に難しいです。この一節は第二部で見た「海 (sea)」に関わる内容ですので、例として引き合いに出しました〔➡ 第二部、108 ～ 109 頁、及び例 (76)〕。

　850 Basic 語以外のプラスα Basic 語、un-Basic 語、また使い方が un-Basic な語も出てきています。thought, *people*, call, love, spoke, masculine, enemy, always, feminine, withheld, favours, *wild*, wicked, could, help, affect の う ち、thought, love, help の 3 語は名詞としては Basic 語ですが、ここでは動詞です。ただ、これは品詞転用であり名詞として知っていれば問題ないでしょう。イタリック体にしたプラスα Basic 語 *people* と、un-Basic 語 spoke は上の例ですでに出てきました。さらに un-Basic 語の enemy, always も見たものです。could は助動詞だと見抜けます。affect も扱いました〔➡ 第二部、例 (27)〕。したがってここでは call, masculine, feminine, withheld, favours, *wild*, wicked の 7 語が未知だと想定しましょう。*wild* は科学等用語（生物学）としての形容詞のプラ

ス α Basic 語です。

　そこで第一文は「彼はいつも海のことを *la mar* と考えた、この *la mar* を好きだと思うとき人はそのようにスペイン語で call する」となります。関係代名詞の which は *la mar* とイコール（A = A'）です。関係代名詞は換言法でした。「スペイン語」の Spanish (← Spain) は分かりますし、当然 *la mar* はラテン系ロマンス語のスペイン語だと分かります。同時にこの *la mar* が前の sea の言い換えで、イコール（A = A'）ということも分かります。「海のことをスペイン語で *la mar* と call する」であれば、call は「呼ぶ、言う」の意味は明らかです。この海 (sea, *la mar*) を her という女性代名詞で言い換えている点に注目しておきましょう。代名詞もすべて換言法の一種です。ヘミングウェイは生涯の 1/3 の約 20 年間をスペイン語圏のキューバで過ごしましたので、何かと作品にはスペイン語を多用します。

　次の文は「もっと若い漁夫たちの幾人かは海 (*el mar*) を masculine だと spoke した」ということですが、ここでの spoke が上での thought の言い換え語であり「考えた、見なした」ということになります。ここで先は *la mar* と冠詞が *la* であったものが、*el mar* と *el* となっています。そして次にまたも関係代名詞の which で、*el mar* と masculine をイコールにしています。ここで同じ海 (sea) を、スペイン語での言い方で *la mar* と *el mar* の両方が用いられ対照・対比（A ⇔ B）されていることが分かります。そして若い漁夫たちは海を「enemy とさえ考えた」となっています。

　enemy は [en (= not) + emy (= love, friend)] だと上の例２）で言いましたが、接頭辞の en (= not) からもマイナスのイメージ語です。<GOOD / BAD> の基本的な意味物差しからすれば <BAD> で、「味方ではない敵であるとさえ考えた」の意味だと分かってきます。

つづいて「しかし老人は海を feminine と考えた」、さらにつづいて「海を大いなる favours を与えるか、withheld するもの」と書かれています。gave or withheld great favours の or は、対比（A ⇔ B）か言い換え（A = A'）のどちらかとなりますが、これは対比であり善・悪と判断されます。すなわち、海のもたらす恩恵の有無のことと推理できます。

この段落の流れからして文頭の He は the old man とイコールであることは明らかです。そこで老人は海を *la mar* と考え、feminine だと考えたが、若い漁夫たちの幾人かは *el mar* と考え、masculine と考えたと対比（A ⇔ B）されています。さらにつづきます。「そしてもし海が *wild* か wicked な事をしたとすれば、それは海がそうせざるを得なかったからである」となっています。この場合の or も元来が対比か言い換えのどちらかなのですが、「せざるを得なかった」ですので、善悪の悪と推理できるでしょう。これは「海がときに荒れ狂うことがある」の意味だと推測できます。

そして「月が女性に affect するように、月が海に affect するのだと彼は考えた」となっています。[af (= to) + fect (= to make, do)] で、Basic 語の effect をあてがい affect (← effect) からも類推できますが、「影響を及ぼす」の意味でした〔➡第二部、例（27）〕。仮に分からなくても、そもそも affect は接頭辞が af (= to) であり空間詞の to の意味をもっていますので、またも必ず「〜の方へ向ける」の意味であるはずです。ここでの「月が海に affect する」とは「月が仕向ける（影響を及ぼす）海の潮の干満」のことであり、「月が女性に affect する」とはやはり「月が仕向ける（影響を及ぼす）女性の心理的、生理的現象」のことを言っているのだと推測できます。

改めて言えば、老人の考えでは海は *la mar* で feminine、それに対して若い漁夫たちには海は *el mar* で masculine ということになります。スペイン語では la が女性定冠詞、el が男

性定冠詞ですが、海の mar は両用され el mar, la mar のどちらも現われます。el mar に対し、la mar は文学的な響きだとされています。老人は海を her と女性代名詞で言い換えていますので、対照・対比であれば「老人は海を女性と考え、若い漁夫は海を男性と考えた」と分かります。さらに feminine の意味はその語形から、Basic 語の female（女性）をあてがってみて feminine (← female) で確信できます。対比ですので一方が分かれば他方は定まり、Basic 語の male（男性）をあてがい masculine (← male) で分かります。もうこれですべて解けました。

2項の対照・対比を好んで用いるヘミングウェイですが、*The Old Man and the Sea* のほんの一節であっても、やはり象徴性に富んでいます。この有名な作品は全編が魚釣り一辺倒で書かれていますので釣りに興味のある人と、ない人で受けとめ方も違うでしょうが、象徴的で意味解釈はそれほど容易ではないと思います。

なお、キリスト教国では月 (moon) は聖母マリア (the Virgin Mary) の象徴ですし、そもそも海の魚 (fish) はキリスト (Jesus Christ) の象徴でもあります。キリストの12使徒の幾人かも元は漁夫でした。ここでは老人の乗る舟 (boat) をノア（Noah）の方舟(はこぶね)、その形から教会 (church) の象徴と見る解釈も可能かもしれません〔ヘブライ語で noah は「安らぎ」の意味と言われます〕。ともかくヘミングウェイの作品は、ほぼどれも特にその巻末で意味が不透明になり解釈が難しいのですが、そこにまた味があります。

この段落の基本概念カテゴリーは⑥、⑦と考えればどうでしょう。

5) We walked down the path to the well-house, attracted by the fragrance of the honeysuckle with which it was covered.

第三部　同源(同系)語／同義(類義)語／反義語から文脈を推理する　215

Someone was drawing water and my teacher placed my hand under the spout. As the cool stream gushed over my hand she spelled into the other the word 'water', first slowly, then rapidly. I stood still, my whole attention fixed upon the motion of her fingers. Suddenly I felt misty consciousness as of something forgotten — a thrill of returning thought; and somehow the mystery of language was revealed to me. I knew then that w-a-t-e-r meant the wonderful cool something that was flowing over my hand. That living word awakened my soul, gave it light, hope, joy, set it free !

There were barriers still, it is true, but barriers that could in time be swept away. — Helen Keller, *The Story of My Life*

考え方

　これは米国の女性社会福祉事業家であったヘレン＝ケラー (Helen Keller) [1880 - 1968] の自伝文学作品の有名な一節です。彼女は生後一歳半で高熱病のため盲聾唖の三重苦を抱える身体障害者となりましたが、それでも家庭教師の A. サリバン (A. Sullivan) の献身的な指導のおかげで成人し、大学を卒業したあと身体障害者の社会事業に貢献しました。

　ヘレン＝ケラーは第二次世界大戦直前に一度、戦後に二度来日もしています。彼女は犬が好きで、最初の来日は東京・渋谷駅前に銅像もある秋田犬の「忠犬ハチ公」に関する話に感銘したからだったようです。賢くて飼い主に忠実と言われる秋田犬の子犬 (puppy) を一匹もらい、それを連れて彼女はアメリカへ帰国しました。その秋田犬の名は Kamikaze-go（神風号）でした。この名の由来はその年に東京〜ロンドン間を飛行し、日本最初の国際記録を樹立した飛行機名に因んだものでした。1937 年のことです。忠犬ハチ公はその２年前に死んでしまっていました。

　ついでながら、puppy は人形・おもちゃ (plaything) の意味

だった古フランス語が起源のようです。また、そもそも愛玩動物としての犬 (dog) の語源は古英語あたりまでしかさかのぼれず、不詳です。猫 (cat) もそうで、古英語やラテン語までしか起源は分かっていません。

　活用例（基礎）の 2)で聴覚のないハエに関する内容のものを扱いましたが、このヘレン＝ケラーの作品は生涯にわたり五感のうちの聴覚も視覚も喪失し、発語もできなかった彼女自身による伝記です。まったく音声も文字も介さず彼女が言葉の意味を感知していった過程がこの伝記全編から推測もでき、興味深いです。

　この英文を以下のように考えてみます。慣れてくれば簡単に処理できるようにもなります。文中で矢印付きの括弧内の語は、あてがってみる例としての Basic 語、またはイタリック体で示すプラス α Basic 語です。

　We walked (← walk) down the path (← *path*) to the well (← wheel)-house, attracted (← attraction) by the fragrance of the honeysuckle [(← *honey*) + suckle (← soup, *sucker*)] with which it was covered. Someone was drawing (← drawer) water and my teacher placed (← place) my hand under the spout. As the cool (← cold) stream (← *stream*) gushed over my hand she spelled into the other the word 'water', first slowly, then rapidly. I stood (← stem) still (← stem), my whole (← *wholesale*) attention fixed upon the motion of her fingers.

　未知の語はとりあえずそのままにして、意味は次のようになります。「私たちは *path*〔➡ 第二部、例 (26)〕を通り、well-house〔➡ 第二部、例 (69)〕へと歩いていきました、well-house は honeysuckle〔➡ 第二部、例 (37)〕の fragrance に包まれていて魅了されました、誰かが水を汲んでいて、サリバン先生は私の片手をその spout に置きました、cool (← cold) な *stream* が私の手に gushed over すると、先生

第三部　同源(同系)語／同義(類義)語／反義語から文脈を推理する　217

はもう一方の私の手に "water"（水）という語を spelled into しました、始めゆっくりで、次は rapidly でした、私は still〔➡ 第二部、例（62）〕に stood〔➡ 第二部、例（62）〕しました、私の whole な注意力は先生の指の動きに集中しました」。

次に未知の語の意味を類推・推理します。プラスα Basic 語 *path* がありますが、これは well-house へと歩いていく経路であるはずで「道端」と推測できます。経路表現は重要ですが、ここでは事実上、経路より着点の well-house のほうが問題です。well は wheel（車輪）と同系語であることや、「水汲み」から推理すればどうでしょう。歩いて行ったところに「井戸小屋」があったと分かってきます。

この小屋が honeysuckle の fragrance に包まれていたのですが、彼女には五感のうちの視覚・聴覚はなくても触覚・嗅覚・味覚はありました。ここでは彼女の嗅覚に関わることだと推理されます。井戸小屋が、honeysuckle という名の植物の甘い香りに包まれていたと分かってきます。*honey*（みつ）は韻文／聖書用語としてのプラスα Basic 語です。suckle は例（37）で扱った科学等用語の *sucker*（吸枝・吸根）からも類推はできます。suckle の語尾の le は small の意味です。

水汲みの井戸端での spout, cool *stream*, gushed over my hand は冷たい「水」のほとばしり出ることと、それが彼女の手にかかったことを皮膚の触覚で感じたと言っていることも推理されてきます。広義の換言法（A=A'）と言えます。ここでのプラスα Basic 語 *stream* と Basic 語 water は類義語となります。gush /gʌʃ/ は擬音語という説もあります。

そこでサリバン先生がもう一方の私の手に、初めゆっくりと、それから対照・対比的に（A ⇔ B）素早く water「水」という語を書いたとも分かってきます。一方の手ともう一方の手も視点の変わる対照・対比法（A ⇔ B）ということになります。そこで「私はじっと立っていたが、全集中力は先生

の指の動きに注がれた」、と言っていることがすんなりと理解できます。

ここでの whole と関連して *wholesale*（卸売・大規模金融）というプラス α Basic 語もありますので、それをあてがっておきましたが文脈からも類推できます〔➡ 第二部、例（129）〕。構文的には attention と fixed の間に being を補ってみればよいです。同じように次を考えます。

Suddenly I felt (← feeling) misty (← mist) consciousness (← conscious) as of something forgotten (← for + get) — a thrill of returning (←turning back) thought; and somehow the mystery of language was revealed [re (= off, away, back) + veal (= cover)] (←off, away, back) to me. I knew (←knowledge) then that w-a-t-e-r meant (← mind) the wonderful (← *wonder*) cool (← cold) something that (< which) was *flowing* (← flight) over my hand. That living word awakened (←awake) my soul (←*soul*), gave it light, hope, joy (←*joy*), set (←seat) it free !

There were barriers (←board, *bar*) still (←still), it is true, but barriers that (< which) could (←might < may) in time be swept away.

un-Basic の misty, cool は Basic 語の mist, cold をあてがってみれば分かりますし、ここでのプラス α Basic 語も *joy* を除き他はすでに出てきたものです。そのすでに扱った Basic 語とプラス α Basic 語を改めて提示しておきます。

feeling〔➡ 第二部、例（29）〕、conscious〔➡ 第二部、例（144）〕、for + get〔➡ 第二部、例（10）、（22）〕、turn〔➡ 第二部、例（45）〕、off, away, back〔➡ 第一部、第二部で見た接頭辞〕、knowledge〔➡ 第二部、例（68）〕、mind〔➡ 第二部、例（28）〕、*wonder*〔➡ 第三部、180 頁〕、flight〔➡ 第二部、例（145）〕、awake〔➡ 第二部、例（106）〕、*soul*〔➡ 第二部、109 頁〕、*joy*〔➡ 第一部、7 頁〕、seat〔➡ 第二部、例（63）〕、

board, *bar* 〔➡ 第二部、例 (81)〕、still 〔➡ 第二部、例 (62)〕、might < may 〔➡ 第二部、例 (110)〕

　これらを代入しつつ意味を類推・推理すれば、「突然、私は漫然と気づいたことがありました、それは何か忘れていたことで、ある種の蘇(よみがえ)ってくる思いの thrill でした、つまり何だか言葉の mystery が私に revealed to したのです、私がその時に知ったことは w-a-t-e-r とは何か素晴らしい、冷たいもののことで、それが私の手の皮膚に流れているということでした、あの時の生きた語が私の *soul* を目覚めさせ、それに光と希望と *joy* を与えてくれ、解放してくれたのです！ still にもちろん不自由はありました、しかしそれは時とともに swept away されうる不自由でした」のようになります。

　文中の語の意味はもう定まってきます。thrill, mystery は事実上、言い換え（A=A'）ですし、心の中の感覚的なものを felt (← feeling), consciousness (← conscious) という語で言い表していますが、これも換言法（A = A'）と言えます。文中に as（〜のように）がありますので、やや対照性（A ⇔ B）も感じられます。

　セミコロン（;）の後ろの文中の revealed to も接頭辞 re と空間詞 to から分かります。「感じた」ということです。さらにこれは *soul* ともつながっています。*soul* が「心」「魂」の意味であることは類推されます。*joy* も light, hope とのつながりからプラスのイメージ語で「喜び」でしょう。

　また「自由」と「不自由」が対照法（A ⇔ B）として用いられてもいます。文中の free の反義語がこの場合、barriers（自由を阻(はば)む障壁）として出てきています。「still に不自由でも swept away される不自由」とは「なお不自由でも拭(ぬぐ)い去られる（なくなる）不自由」です。swept away はやはり空間詞の away だけからも意味は推理できます。これで基本的に 850 Basic 語の語彙力だけで、また 100%、めでたくすべて読

み解けました。

　この文は P. M. ロジェの 15 種の基本概念カテゴリーからは、大枠①、②、⑧と言えばどうでしょう。盲聾唖であったヘレン＝ケラーは知識の源泉となる五感 (five senses) のうちの視覚・聴覚なしで、触覚・嗅覚・味覚の 3 つの感覚のみから言葉の意味 (sense) を覚えたことになります。sense も sentence（文）も同系語でした〔➡ 第二部、例（61）〕。彼女は、第二部冒頭の例（1）で扱った「水」を意味する英語 'water' を、手の触覚 (sense of touch) で覚えました。

　以上、本第三部の活用例で 850 Basic 語を基に、そして Basic English の構文力があれば、最小限の語彙力しかなくても原義からの類推 (analogical inference)〔analogical [ana (= full, complete) + logi (= reasoning) + cal]], inference〔➡ 第二部、例（66）〕により、ほぼどんな英文も理解できることを示唆したつもりです。第一部で参考文として日本国憲法九条の英文原文を掲載しておきましたが（8 頁）、これもすべて理解できるのではないでしょうか。

　この本の第二部では本体の 850 Basic 語のうち、55％以上の約 470 語を例として出しました。第一部〜第三部までを通すと、さらにいくつも 850 Basic 語を扱ったことになります。**本文中で語の構成要素分解としてイコール（＝）で示した語も、まるですべて本体の 850 Basic 語でした。850 Basic 語で、すべての英語語彙の意味は少なくとも大まかには示される**ということです。

　すでに触れたことですが、ラテン語系の多い**プラスα Basic 語も、未知の語の意味を類推するのに大いに有用性があります**ので、約 650 語（正確には 654 語）あるプラスα語のうちの 200 語程度をこの本で扱いました。850 Basic 語でもなく、654 プラスα Basic 語ではない一般の un-Basic 語は約 1,420 語を例として出しました。**もうこれだけ整えば、あとは慣れで応用がきき、未知の語に出くわ**

しても糸口はどこかに見つかるはずです。大学、大学院の入学試験や各種の検定・資格試験などにも対応できるはずです。

できればプラスα Basic 語も取り込み、広義の Basic English 約 1,500 語の全語彙体系を把握してしまうとよいです。巻末付録掲載のこの約 1,500 語の広義の Basic 語に、ここで扱った一般の un-Basic 語の約 1,420 語を加えれば 2,920 語、すなわち<u>合計 3,000 語</u>に近いことになります。850 Basic 語からだけでもその原義から何倍もの数の未知の語の意味が類推できますが、この約 3,000 語からは、またさらにそれが何倍も可能となります。ともかく、**本体の 850 Basic 語を「基語」（base words）とし、他の語を語群としてとらえていく方法があります**。未知の語はまずは推理・類推し、おおよその見当をつけることを心がけたいものです。それから辞書などで確認し、当たっていた喜びを味わっていくのです。この本はそういうときに役立ててください。

なお、これもすでに言いましたが、もう一度確認しておきます。第二部の印欧祖語を振り出しに各語群で見たように、**語の特に強勢アクセントのある音節の初頭の子音（規則的な変異も含め）に注目すれば、同系語として見えてくることが多い**です。一方、**母音の変異は基本的に特別な意味変化はもたらさない**と考えてよいです。

上の最後の例でのヘレン＝ケラーとは違い私たちは目も見え、耳も聞こえ、口も利けます。日常的に文字を読み、音声を聴きいろいろな知識を得ています。英語を音声として聴く場合には音節（シラブル）に注目し、その中にある短い音の響きに特別に集中し深聴きするのがよいです。今回提示した語群中の語の「**音と意味の一体化**」を試みることは、今後へ向けた基本となります。**音感と語感を鍛える**ということです。

音声面でさらに言いますと、英語には 1 音節語が多いですし、そもそもまったく違う音素 /l/ と /r/ が同じように聞こえる日本人の民族耳では聴取の難しい言語です。言語音の 3 要素である音 (sounds)・リズム (rhythm)・イントネーション (intonation) のうち、英音のイ

ントネーションは難なく聴けますが、聴き取りが難しいのはリズムと絡んだ音そのものでしょう。特に初めて耳にする人名・物品名・地名などの、いわゆる固有名詞に現われる音の聴取は難しいです。

　普通のテンポの英語がゆっくり、はっきり、くっきり聞こえるよう英音そのものに耳を開いていくには、やはり入門期から本物で自然なスタイルのものを聴くのがよいはずです。それも静かな録音室の中で録音され加工された英音ではなく、比較的早い段階からライブの音環境で録音された英音（アドリブ的な談話・インタビューなど）のくだけたスタイルのものに耳をさらしていくとよいです。

　5種しかない日本語の母音と違い、英語には約25種の母音があります。英音で難しいのは実は子音より母音でしょう。子音は舌の位置（調音点）が話者により異なることは基本的になく固定していますが、母音は変種がありリズムと絡んで聴取が難しくなります。**英語の母音はその音節の「強母音」を核にその前後はまるですべて「弱母音」の /ə/、または /ər/ となる**と考え、**聴取が比較的容易で原義的な意味をもち語根でもある強母音を軸に聴き取る**とよいでしょう。ただし、**接頭辞や空間詞などは弱母音として現われても、意味をもっている**ことには留意が必要です。

　一方で、視覚上でのメガネなしの裸眼で見えないものは見えないように、聴覚上でどれだけ聴き入っても聞こえない英音はやはり聞こえないでしょう。フランスの耳鼻咽喉科医 A. トマティス (A. Tomatis) が外国語修得のため電子工学的に特殊な機器装置〔元はフランス語で、英語では Electronic Ear（電子耳）〕を開発し、胎児が生後に空中の言語音を聴く以前の、母体の羊水の中で聴くような /pət/, /pət/, /tək/, /tək/, /kjə/, /kjə/, /tʃə/, /tʃə/, /ʃə/, /ʃə/ ... とメタリックで擦れるように聞こえる繊細な高周波音にさらすことで、世界のあらゆる言語音を受け入れられる聴覚的条件付けをすることを考えました。聴覚の改造ということになります。1970年代～90年代末にかけそれを発表しましたが、これは「音声回帰」と言われます。こういう手法もあるでしょう。A. トマティスは人体の内耳は刺激

に対して敏感に反応する皮膚と同じと考え、外国語の音声と話すことを真に「教授する」のは、その言語のネイティブスピーカー（母国語話者）でなければならない旨も示唆しています。

　速度もできれば 1.5 〜 2 倍速、さらには 3 倍速程度のスタイルのもので音素のすくい取りをし、聴覚脳を鍛えていくとよいでしょう。ネイティブスピーカーのなかには早口なテンポで話す人もいます。4 倍速ですと水中音のようになりますが、2 〜 3 倍速で何度も聴き込んだあと同じ文を 1 倍速で聴くと、何とテンポの遅い語りかと必ず感じられるはずです。まどろっこさも感ずることになります。

　たとえば、車で高速道路を時速 100km 以上で走っていて、時速 60km 程度まで減速してみると、それが何と遅いスピードかと思うことになります。速いスピード感に麻痺し慣れてしまったからで、英語の音感・テンポに慣れる一端も理屈は同じようなことでしょう。音声は速から遅への手法が必要でもあり、効用があります。

　言語音の伝わり方も常に空気中の音障害（音響インピーダンス：acoustic impedance）と関わっていますが、近年の地球規模での気候変動・異常気象により英音も一般には気づかれなくても、かつてのものとは微妙に異なって人間の耳に響き聞こえているのではないかと思えもしますが、どうなのでしょう。

　いずれにせよ、英音の聴取力を補っていくものはやはり音感と語感を一体化させた、ある一定量の語や文のひたすらな音読リーディングと、さまざまな文を通しての音感を意識した「耳で読む」速読即解による黙読リーディングとなると思います。1 つ補足しておきますと、ここでは活用例として扱いませんでしたが時事文や小説文以外に、映画のシナリオ文の読解・聴解も大変有益です。日本語訳のあるものが便利です。略式のこなれた英語表現の宝庫で、日常的に取り込むと手早く本格的な英語が身につきます。

あとがき

　英国の言語・心理学者C.K.Ogdenの発表した小英語Basic English（ベーシック・イングリッシュ）は、これまでもっぱら英語を書いたり話したりする際の表現法の視点から扱われてきました。この本では視点を180度転換し、Basic Englishで鍛えた英語力を下地に、広く一般の英語を「読んだり、聴いたりして理解するため」という点から考えてみました。

　すなわち、「まえがき」や本文中でも何度も言いましたが、仮にC.K.Ogden選定のBasic English 850基礎語の最小限の語彙力しか基本的にないと想定するとともに、構文的にBasic English文なら理解できる英語力はあるとした場合、どこまで広く一般の英語文が音と意味の関係から理解できるか？という観点から考えてみたということです。同時に、プラスα基礎語の知識もあると、大いに役立つことも示唆しました。こういうことはこれまで正面から扱われたことはありませんでした。もちろん最終的には基礎語のみならず、一般の英語語彙を広く取り込み、語彙力をつけるということです。

　表現力の大きいBasic Englishは、英語を能動的に書いたり話したりするには大変有益な補助となりますし、かなり高度の内容の事柄もその主旨はほぼすべて表現でき、よく理解され、誤解もなくなると思います。Basic Englishはそのようにできています。使い方が難しい何万語にも相当する語に取って代わるのが850語であり、簡素に意味が伝わります。ただ、わずか基本的に850語では日常的にさまざまなスタイルの英語文を受動的に理解するためには、語彙数が足りないと一般に考えられてきました。

　この本では果たして本当にそうであろうか？という考え方ととも

に、くり返しになりますが、わずかこれだけの最小限の語彙力しか仮にないと想定し、どこまで一般の英語文が理解できるかを考えてみました。そして Basic English は能動的に「表現する」場合ばかりでなく、受動的に一般の英語を「理解する」場合にもやはり大いに有用性のあることを示唆しました。

　第一部では 850 基礎語への注目の意義を説き、第二部ではその本来の原義を知るために印欧祖語までさかのぼっての語源に注目し、それと同じルーツをもつ他の英語語彙を「語群」として一括する手法をとり解説しました。最も深いレベルでは、印欧祖語の原音を求める音声回帰という考え方にもなるでしょう。そして第三部ではその活用法を、一般の英文に適用して考えてみました。それぞれ例文中の 850 基礎語以外の語は、第二部でほぼすべて扱われています。しかし仮にそれらもまったく知らない語彙力不足であっても、原義 (root sense) にまでさかのぼった本当の意味での 850 語を基本とした知識・語彙力と Basic English の構文力さえあれば、類推で理解できるはずと思います。

　例文は無数にありますが考え方はまったく同じです。要領さえ呑み込めば、あとは慣れの問題でしょう。早い段階で少し難しめの例で慣れれば、それより平易な基礎的な例は楽に理解できるはずです。難から易への効用です。特に、第二部の同系語群の各語を相互に対照しつつ、何度も見返して本来の語感をつかむようにするのです。他に応用のきく勘も身につくはずです。巻末の付録と索引も大いに活用されるとよいです。

　今日、歴史言語学や比較言語学の分野で不詳な部分も含め定説となり、それに基づく英語の語源に関する文献はそれなりにいくつもあります。ただ、一般には起源をギリシャ語・ラテン語・古英語などに求める形での提示で、先史時代の印欧祖語までさかのぼって示されることはきわめて少ないです。また、ここでのテーマを印欧祖語の原音とその音推移・派生音化の関わりから、そして C.K.Ogden 選定の Basic English 850（プラス α）基礎語の視点から、広く英語

語彙の原義をみる文献はこれまでありませんでした。全体の構成を考える上で私が参考とした主な文献を下に掲げておきます。洋書ではWatkins, C.（編著）のもの、また和書では山並陸一（著）によるものは他にもありますが、特に労力を要する適当な語の取捨選択・分類作業で恩恵をこうむっています。

この本がきっかけとなり、未知の語の意味も、既知の語の原音と原義から類推する手法を身につけられ、とかく記憶に残りにくい単語の意味を確かなものとされるとともに、語彙力をつける要領を会得されることとなれば著者として幸いです。

参考文献

後藤　寛『学び方を学ぶ　850語プラスαの英語』松柏社

Kipfer, B. and Chapman, R. (ed.)　*Roget's International Thesaurus.*　(6th edition) HarperCollins.

Ogden, C.K. *The Basic Words.*　The Orthological Institute, London.

Ogden, C.K. (Under the direction of) : *The General Basic English Dictionary.*　Evans Brothers Limited, London.

Pyles, T. *The Origins and Development of the English Language.*　Harcourt Brace Javanovich, Inc., New York.

寺澤芳雄・他（編）『英語語源辞典』研究社

Tomatis, A. *Nous sommes tous nés polyglottes.*　Fixot, Paris.　アルフレッド＝トマティス『人間はみな語学の天才である』トマティス研究会（訳）、アルク社

Watkins, C. *The American Heritage Dictionary of Indo-European Roots.*　Houghton Mifflin Harcourt, Boston, Mass.

山並陸一『脳に響く「短い音」で英単語がわかる』中央公論新社

山並陸一『語源の音で聴きとる！英語リスニング』文藝春秋社

付　録

1．Basic English（ベーシック・イングリッシュ）850 語一覧

[A]　a(n), able, **about**, account, acid, **across**, act, addition, adjustment, advertisement, **after**, again, **against**, agreement, air, all, almost, **among**, amount, amusement, and, angle, angry, animal, answer, ant, any, apparatus, apple, approval, arch, argument, arm, army, art, as, **at**, attack, attempt, attention, attraction, authority, automatic, awake

[B]　baby, **back**, bad, bag, balance, ball, band, base, basin, basket, bath, 《be》, beautiful, because, bed, bee, **before**, behavio(u)r, belief, bell, bent, berry, **between**, bird, birth, bit, bite, bitter, black, blade, blood, blow, blue, board, boat, body, boiling, bone, book, boot, bottle, box, boy, brain, brake, branch, brass, bread, breath, brick, bridge, bright, broken, brother, brown, brush, bucket, building, bulb, burn, burst, business, but, butter, button, **by**

[C]　cake, camera, canvas, card, care, carriage, cart, cat, cause, certain, chain, chalk, chance, change, cheap, cheese, chemical, chest, chief, chin, church, circle, clean, clear, clock, cloth, cloud, coal, coat, cold, collar, colo(u)r, comb, 《come》, comfort, committee, common, company, comparison, competition, complete, complex, condition, connection, conscious, control, cook, copper, copy, cord, cork, cotton, cough, country, cover, cow, crack, credit, crime, cruel, crush, cry, cup, current, curtain, curve, cushion, cut

[D]　damage, danger, dark, daughter, day, dead, dear, death, debt, decision, deep, degree, delicate, dependent, design, desire, destruction, detail, development, different, digestion, direction, dirty, discovery, discussion, disease, disgust, distance, distribution, division, 《do》, dog, door, doubt, **down**, drain, drawer, dress, drink, driving, drop, dry, dust

[E] ear, early, earth, east, edge, education, effect, egg, elastic, electric, end, engine, enough, equal, error, even, event, ever, every, example, exchange, existence, expansion, experience, expert, eye

[F] face, fact, fall, false, family, far, farm, fat, father, fear, feather, feeble, feeling, female, fertile, fiction, field, fight, finger, fire, first, fish, fixed, flag, flame, flat, flight, floor, flower, fly, fold, food, foolish, foot, **for**, force, fork, form, **forward**, fowl, frame, free, frequent, friend, **from**, front, fruit, full, future

[G] garden, general, 《get》, girl, 《give》, glass, glove, 《go》, goat, gold, good, government, grain, grass, gray(grey), great, green, grip, group, growth, guide, gun

[H] hair, hammer, hand, hanging, happy, harbo(u)r, hard, harmony, hate, hat, 《have》, he (she, it, they, etc.), head, healthy, hearing, heart, heat, help, here, high, history, hole, hollow, hook, hope, horn, horse, hospital, hour, house, how, humo(u)r

[I] I (my, we, etc.), ice, idea, if, ill, important, impulse, **in**, increase, industry, ink, insect, instrument, insurance, interest, invention, iron, island

[J] jelly, jewel, join, journey, judge, jump

[K] 《keep》, kettle, key, kick, kind, kiss, knee, knife, knot, knowledge

[L] land, language, last, late, laugh, law, lead, leaf, learning, leather, left, leg, 《let》, letter, level, library, lift, light, like, limit, line, linen, lip, liquid, list, little, living, lock, long, look, loose, loss, loud, love, low

[M] machine, 《make》, male, man, manager, map, mark, market, married, mass, match, material, may (might), meal, measure, meat, medical, meeting, memory, metal, middle, military, milk, mind, mine, minute, mist, mixed, money, monkey, month, moon, morning, mother, motion, mountain, mouth, move, much (more, most), muscle, music

[N] nail, name, narrow, nation, natural, near, necessary, neck, need, needle, nerve, net, new, news, night, no, noise, normal, north, nose, not, note, now, number, nut

[O] observation, **of**, **off**, offer, office, oil, old, **on**, only, open, operation, opinion, opposite, or, orange, order, organization, ornament, other, **out**, oven, **over**, owner

[P] page, pain, paint, paper, parallel, parcel, part, **past**, paste, payment, peace, pen, pencil, person, physical, picture, pig, pin, pipe, place, plane, plant, plate, play, please, pleasure, plow (plough), pocket, point, poison, polish, political, poor, porter, position, possible, pot, potato, powder, power, present, price, print, prison, private, probable, process, produce, profit, property, prose, protest, public, pull, pump, punishment, purpose, push, 《put》

[Q] quality, question, quick, quiet, quite

[R] rail, rain, range, rat, rate, ray, reaction, reading, ready, reason, receipt, record, red, regret, regular, relation, religion, representative, request, respect, responsible, rest, reward, rhythm, rice, right, ring, river, road, rod, roll, roof, room, root, rough, **round**, rub, rule, run

[S] sad, safe, sail, salt, same, sand, 《say》, scale, school, science, scissors, screw, sea, seat, second, secret, secretary, 《see》, seed, 《seem》, selection, self, 《send》, sense, separate, serious, servant, sex, shade, shake, shame, sharp, sheep, shelf, ship, shirt, shock, shoe, short, shut, side, sign, silk, silver, simple, sister, size, skin, skirt, sky, sleep, slip, slope, slow, small, smash, smell, smile, smoke, smooth, snake, sneeze, snow, so, soap, society, sock, soft, solid, some, son, song, sort, sound, soup, south, space, spade, special, sponge, spoon, spring, square, stage, stamp, star, start, statement, station, steam, steel, stem, step, stick, sticky, stiff, still, stitch, stocking, stomach, stone, stop, store, story, straight, strange, street, stretch, strong, structure, substance, such, sudden, sugar, suggestion, summer, sun, support, surprise, sweet, swim, system

[T] table, tail, 《take》, talk, tall, taste, tax, teaching, tendency, test, than, that, the, then, theory, there, thick, thin, thing, this, though, thought, thread, throat, **through**, thumb, thunder, ticket, tight, till, time, tin, tired, **to**, toe, together, tomorrow, tongue, tooth, top, touch, town, trade, train, transport, tray, tree, trick, trouble, trousers, true, turn, twist

[U] umbrella, **under**, unit, **up**, use

[V] value, verse, very, vessel, view, violent, voice

[W] waiting, walk, wall, war, warm, wash, waste, watch, water, wave, wax, way, weather, week, weight, well, west, wet, wheel, when, where, while, whip, whistle, white, who (what, which, etc.), why, wide, will (would), wind, window, wine, wing, winter, wire, wise, **with**, woman, wood, wool, word, work, worm, wound, writing, wrong

[Y] year, yellow, yes, yesterday, you (your), young

〔注〕① 850語中の太字書きにした語（空間詞）を縦横無尽に用います。**空間詞**はその後ろの名詞を、すべて形容詞か副詞に変えてしまう作用をします。

② **接頭辞 un-、接尾辞 -ed, -ing, -er, -ly** を付加し用いられる語が多くあります。また、一覧中の語で -ing 接尾辞の付いた語を -er 接尾辞に変換することもできます〔例、building → builder / waiting → waiter / reading → reader, etc.〕。
③ ほぼ、どの語も他の語と結合し**合成語**が作られます〔例、another (<an+other), doorway, fisherman (<fish + -er + man), etc.〕。ただし、Basic English では最初のaは空間詞としては、way と結合した away のみを合成語として用います。たとえば around* などは用いません。**上の②と、この③で何万語という数の語に膨れ上がり１つの有機的な語彙体系を形成**します。
④ **注意の必要な語**が少しあります。たとえば lead は「鉛」の意味で用い、発音は [led] です。mine は「鉱山、地雷」の意味です。unit に接尾辞 -ed が付加されると発音が [junáitid] となります。また、produce は第一音節に強勢のある名詞の「産物」の意味です。これに -ed, -ing, -er 接尾辞が付加されると強勢の位置が第二音節に移動します。increase, record, transport も同類です。use も名詞で発音は [ju:s] ですが、接尾辞を用い used, using, user となれば s は [z] の音となります。なお、mouth[mauθ] なども、mouthed, mouthing となれば th が [ð] の音となります。

　また、Basic English では意味を明確化・簡素化するため、いくつかの**語のもつ意味範囲**を定めます。たとえば fly はハエなどの「飛ぶ昆虫」のことです (cf. insect, worm)。kind は「親切な」の意味で用い、「種類」の意味では用いません。「種類」は sort を用います。light は「光」の意味で、「軽い」の意味では用いません。「軽い」ことは weight「重さ」で言います。like は「〜のような」の意味で用い、「好く」の意味では用いません。「好く」ことは interest, love, desire など、さまざまな他の語で言えます。match は「マッ

チ（棒）」のことで、「試合」の意味では用いません。「試合」は competition などを用います。present は「現在」の意味で用い、「贈り物」の意味では用いません。「贈り物」は本質的に thing given (offered) ということになります。ring は「輪」の意味として用い、「鈴」の意味では用いません。「鈴」は bell です。stick は基本的に「棒」であり、「のり」や「貼り付ける」ことの意味では用いません。「のり」は paste です。that は関係代名詞としては用いません。will は助動詞としてのみ用います。また、even, still は副詞としてのみ、well は副詞・形容詞・間投詞としてのみ用います。

⑤ Basic English ではいわゆる**動詞 V** は《 》で示した **16 語のみ**です。それらを列挙すればそれぞれ対をなす《be / seem》,《come / go》,《get / give》,《keep / let》,《put / take》の 10 語と、《do》,《have》,《make》,《say》,《see》,《send》の 6 語です。ただ、あまりこれらに重心は置きすぎないほうが思考上スムーズになります。16 語のうちの《be》,《seem》の 2 語と、他の 14 語の 2 大分類の思考法をとるとよいです。なお、get の対語が give であり、put の対語が take であると考えたほうがよいです。また、Basic English ではいわゆる助動詞は may (might), will (would) の 2 語のみです。

　一覧中の 850 語は**品詞的には** 1 ）名詞（600 語）、2 ）形容詞（150 語）、3 ）空間詞・動詞〔16 語〕など（100 語）のいずれかであり、**3 分類**となります。名詞のたとえば play, love, laugh などから、それぞれ be play<u>ing</u>, be play<u>ed</u> / be lov<u>ing</u>, be lov<u>ed</u> / be laugh<u>ing</u>, be laugh<u>ed</u> のように -ing, -ed 接尾辞の語形になると、それらはもはや<u>名詞や動詞ではなく</u>、状態を意味する<u>形容詞</u>に化していると考えるとよいです。そういう例が 300 以上可能です。また、形容詞を接尾辞 -ly の語形にすると「様態」を意味する副詞となり

ます。

〔拙著『学び方を学ぶ 850 語プラス α の英語』(松柏社)より転載〕

2．Basic English 全プラスα語一覧

　Basic English には上の 850 語以外に便宜的に用いることのあるプラス α 基礎語として 678 語が用意されています。その内訳は **A) 国際的語彙** 128 語、**B) 科学等用語** 400 語、**C) 韻文／聖書用語** 150 語です。ただし、このうち B) では分野別で重複する語もありますので、実際には 376 語です。また、B) と C) の双方にまたがって重複する語もあります〔詳細は下の D) 参照〕。品詞的には形容詞も 38 語ありますが、要するに全プラス α 基礎語は 128 + 376 + 150 = 654 で、**654 語**と言えます〔したがって **Basic English は広義には** 850 + 654 = 1,504 で、**1,504 語の英語**ということになります〕。

　A) の国際的語彙は①国際語彙 101 語〔この中には形容詞の *international* という語そのものを 1 語含めています〕、②国際科学名称語 12 語、③国際名称語 15 語があります。そして広く科学分野等での文脈で適宜用いるプラス α 語である B) の科学等用語は①一般科学用語 100 語、②物理学・化学用語 50 語、③地質学用語 50 語、④数学・力学用語 50 語、⑤生物学用語 50 語、⑥ビジネス用語 50 語、⑦経済学用語 50 語です。C) の韻文／聖書用語は①韻文用語 100 語、②聖書用語 50 語です。聖書記述ではこれらプラス α 語のうち①韻文用語と、②聖書用語が縦横無尽に用いられることは特記しておきます。

　これまでプラス α 基礎語は各分野別でアルファベット順に提示はされましたが、分野を超えてアルファベット順に分かりやすく提示されたことはありませんでした。A) の①、②、③ の区分による国際的語彙を一覧することには特に問題はないのですが、B) の①〜

⑦の科学等の用語、そしてC）の①韻文用語と②聖書用語が一覧しにくい面がありました〔このC）の①、②は実際には両用されます〕。

したがってこの本では以下に、A）の**国際的語彙**は①、②、③として区分しますが、B）の**科学等用語**①〜⑦、C）の**韻文用語**①／**聖書用語**②はそれぞれ一括して織り込む形にします。そして**全プラスα基礎語をA）〜C）の3分類**として、アルファベット順に組んで提示します。また、複数分野にまたがり重複する語はD）として一覧表にしておきます。これで全プラスα基礎語（すべてイタリック体とします）がすっきりし、見やすくなると思います。

A）**国際的語彙** ［128語］

① 国際語彙（101語）〔注〕末尾に記した *international* 以外の100語はすべて名詞扱い。

alcohol, aluminum, ammonia, asbestos, autobus, automobile, ballet, bank, bar, beef, beer, café, calendar, catarrh, champagne, chauffeur, check, chemist, chocolate, chorus, cigarette, circus, citron, club, cocktail, coffee, cognac, colony, dance, dynamite, encyclopedia, engineer, gas, glycerin, hotel, hyena, hygiene, hysteria, inferno, influenza, jazz, lava, liqueur, macaroni, madam, malaria, mania, nickel, nicotine, olive, omelet(te), opera, opium, orchestra, pajamas, paradise, paraffin, park, passport, patent, penguin, phonograph, piano, platinum, police, post, potash, program, propaganda, pyramid, quinine, radio, radium, referendum, restaurant, rheumatism, rum, salad, sardine, sir, sport, tapioca, taxi, tea, telegram (-graph), telephone, terrace, theater, toast, tobacco, torpedo, university, vanilla, violin, visa, vodka, volt, whisk(e)y, zebra, zinc, (+ international)

② 国際科学名称語（12語）

algebra, arithmetic, biology, chemistry, geography, geology, geometry, mathematics, physics, physiology, psychology, zoology

③ 国際名称語（15 語）

college, dominion, embassy, empire, imperial, king, Miss, Mr., Mrs., museum, president, prince, princess, queen, royal

B) **科学等用語**（①一般科学、②物理・化学、③地質学、④数学・力学、⑤生物学、⑥ビジネス、⑦経済学）［376 語］〔注〕i) 大多数の語は名詞としての扱いで、**右肩星印（*）**の語（27 語）は形容詞。 ii) **一重下線**は分野が複数にまたがり重複する語（22 語）。iii) **二重下線**は韻文用語または聖書用語とも重複する語（10 語）。ii)、iii) で重複する語は下の D) 一覧表参照。

abdomen, absorption, acceleration, acceptance, *accessory, accident, *active, address, *adjacent, adsorption, age, agency, allowance, *alternate, amplitude, appendage, application, approximation, *arbitrary, arc, arbitration, area, arrangement, ash, asset(s), assistant, average, axis, bale, bankrupt, bark, barrel, beak, beaker, bill, birefringence, break, broker, bubble, bud, budget, buoyancy, capacity, case, cast, cartilage, cave, cavity, cell, certificate, charge, circuit, circulation, circumference, claim, claw, clay, cleavage, client, climber, clip, code, coil, collision, column, combination, combine, complaint, component, compound, conductor, *congruent, conservation, consignment, consumer, constant, *continuous, contour, conversion, correlation, corrosion, cost, creeper, cross, court, cusp, customs, damping, debit, deck, decrease, defect, deficiency, deflation, *degenerate, delivery, demand, denominator, density, deposit, desert, determining, diameter, difference, difficulty, dike, dilution, dip, *direct, disappearance, discharge, discount, dissipation, disturbance, divisor, domestication, drift, duct, efficiency, effort, elimination, employer, environment, equation, erosion, *eruption, evaporation, *exact, experiment, explanation, explosion, export, extinction, factor, fan, fatigue, fault, ferment, fertilizing, fiber, fin, flask, flint, flood, flow, focus, foliation, fraction, fracture, *fresh, friction, fume, funnel, furnace, fusion, generation, germination, gill, glacier, gland, grating, gravel, groove, gross, ground, guarantee, guard, habit, hinge, hill, hire, hold, hoof, host, *igneous, image, import, impurity, inclusion, index, individual, infinity, inflation, inheritance, insulator, intercept, integer, interpenetration, interpretation, intersection, intrusion, *inverse, investigation, investment, jaw, joint, juice, kidney, lag, lake, latitude, layer, length, lens, lever, liability, license, limestone, link, liver, load, loan, locus, longitude, lung, magnitude, *mature, margin, mean, medium, melt, metabolism, mixture, momentum, monopoly, mud, multiple, multiplication, node, nucleus, numerator, *oblique, ore, origin, outcrop, outlier, overlap, oxidation, packing, pair, parent, particle, partner, path, pendulum, pension, petal, piston, plain, plan, plug, pollen, population, porcelain, pressure, *prime, probability, product, projectile, projection, proof, pulley, purchase, quantity, quotient, radiation, ratio, reagent, receiver, reciprocal, rectangle, *recurring, reference, reflux, reinforcement, *relative, rent, reproduction, repulsion, residue, resistance, resolution, retail, *reversible, rigidity, rock, rot, rotation, sac, sale, sample, *saturated, saving, scale, scarp, schist, screen, seal, secretion, section, security, *sedimentary, sensitivity, sepal, service, shadow, shale, share, shear, shell, shore, show, sight, sill, similarity, slate, skull, slide, soil, solution, solvent, spark, specialization, specimen, speculation, *stable, stain, stalk, stamen, statistics, stimulus, strain, stream, strength, stress, strike, subtraction, substitution, *successive, sucker, supply, sum, surface, suspension, swelling,* *switch, term, texture, thickness, thorax, thrust, tide, tissue, tongs, total, transmission, *transparent, trap, triangle, tube, twin, unconformity, unknown, valency, <u>valley</u>, valve, vapor, variable, *vascular, velocity, *vestigial, volume, vortex, wedge, <u>wholesale</u>, *wild*

C) **韻文／聖書用語** [150 語]（韻文用語 100 語／聖書用語 50 語）〔注〕i) 大多数の語（140 語）は名詞扱い。ii) **下線**は韻文用語 (100 語)、内 *** 印の語** (10 語) は形容詞。

alter, <u>angel</u>, <u>ark</u>, <u>arrow</u>, ass, ax, baptism, <u>beast</u>, blessing, *<u>blind</u>, <u>bow</u>, <u>breast</u>, <u>bride</u>, <u>brow</u>, <u>bud</u>, *<u>calm</u>, captain, cattle, <u>child</u>, circumcision, <u>cross</u>, <u>crown</u>, curse, <u>dawn</u>, deceit, <u>delight</u>, <u>dew</u>, disciple, <u>dove</u>, <u>dream</u>, eagle, envy, *<u>eternal</u>, <u>evening</u>, <u>evil</u>, *<u>fair</u>, <u>faith</u>, <u>fate</u>, <u>feast</u>, flesh, <u>flock</u>, <u>flow</u>, forgiveness, <u>fountain</u>, <u>fox</u>, generation, *<u>gentle</u>, *<u>glad</u>, glory, <u>God</u>, <u>grace</u>, <u>grape</u>, <u>grief</u>, <u>guest</u>, <u>hawk</u>, <u>heaven</u>, <u>hell</u>, herd, heritage, <u>hill</u>, *<u>holy</u>, <u>honey</u>, <u>hono(u)r</u>, husband, <u>image</u>, <u>ivory</u>, <u>joy</u>, kingdom, <u>lamb</u>, <u>lark</u>, leaven, leper, <u>life</u>, <u>lion</u>, locust, <u>lord</u>, master, <u>meadow</u>, <u>melody</u>, <u>mercy</u>, neighbo(u)r, *<u>noble</u>, oath, ox, <u>passion</u>, people, <u>perfume</u>, pillar, <u>pity</u>, <u>pool</u>, <u>praise</u>, <u>prayer</u>, preaching, <u>pride</u>, <u>priest</u>, prophet, *<u>purple</u>, <u>rapture</u>, <u>raven</u>, revelation, righteousness, <u>robe</u>, <u>rock</u>, <u>rose</u>, <u>rush</u>, saint, salvation, savior(u)r, scribe, <u>search</u>, *<u>shining</u>, <u>shower</u>, sin, <u>sorrow</u>, <u>soul</u>, <u>spear</u>, spice, <u>spirit</u>, <u>storm</u>, <u>stream</u>, <u>strength</u>, <u>sword</u>, tent, testament, <u>thief</u>, thorn, <u>tower</u>, <u>travel</u>, tribe, <u>valley</u>, <u>veil</u>, <u>vine</u>, <u>violet</u>, virgin, <u>virtue</u>, <u>vision</u>, <u>wandering</u>, <u>wealth</u>, <u>weariness</u>, <u>weeping</u>, widow, wife, <u>wisdom</u>, witness, <u>wolf</u>, <u>wonder</u>, world, worship, wrath, yoke

D) **上の B)、C) のうち分野で重複する語** [32 語]〔注〕○ 印が重複する分野で、30 語が 2 分野、 2 語が 3 分野にまたが

り重複。

分野 重複語	科　学　等							韻文／聖書	
	① 一般科学	② 物理学・化学	③ 地質学	④ 数学・力学	⑤ 生物学	⑥ ビジネス	⑦ 経済学	① 韻文	② 聖書
asset(s)						○	○		
average						○	○		
bill						○	○		
broker						○	○		
bud					○			○	
charge		○				○			
cost						○	○		
cross	○							○	
deposit	○						○		
experiment	○						○		
flow			○					○	
generation	○								○
guarantee						○	○		
hill			○					○	
image		○						○	
investment						○	○		
liability						○	○		
load				○		○			

loan						○	○		
partner						○	○		
purchase						○	○		
reference	○					○			
retail						○	○		
rock	○							○	
sale						○	○		
stimulus	○					○			
stream		○						○	
strength	○							○	
strike			○			○	○		
supply	○					○	○		
valley			○					○	
wholesale						○	○		
	①	②	③	④	⑤	⑥	⑦	①	②

　strike と *supply* は3分野にまたがっています。プラスα基礎語の A)、B) は特に時事文など、そして C) は特に小説文などを読むのに有益な語彙です。何度も見返して覚えてしまうとよいです。その気で取り組めば簡単なことです。D) の語のなかには分野によりその意味が少し違ってくることがあります。たとえば *cross* は一般科学用語としては「動植物の交配」の意味ですし、韻文用語としては「十字架」の意味となります。共通の簡素な意味は「交差すること」です。また、*generation* は一般科学用語としては「生成」、聖書用語としては「世代」の意味で用います。共通の簡素な意味は「生まれること」です。なお、すでに触れてもおきましたが、韻文用語と聖書用語は実際には両用されます。

　なお、*strike* は地質学用語としては地層の「走向」のことです。地層の走向や傾斜を測定する器具が clinometer [clino

(= slope) + meter (= measure)] と呼ばれます。ビジネス用語・経済学用語としてはそれぞれ「ストライキ」、「(事業の) 大当たり・成功」のように考えてはどうでしょう。さらに、*supply* は一般科学用語・ビジネス用語・経済学用語としてそれぞれ「供給資源」、「在庫品」、「供給」のような使い分けが考えられますが、こういった使い分けは必ずしも厳密なものと考えなくてもよいでしょう。

索　引 (非 Basic 語は除く)

(注)　第二部で語群として列挙、または場合により特別にその解説中で注目した ① Basic 語、② プラス α Basic 語

① Basic 語の例 (括弧内は例番号、下線付きは解説参照)

-A-
a(an) (41)
able (2)
about (130)
account (95)
acid (101)
act (119)
adjustment (46)
advertisement (44)
agreement (74)
among (111, 140)
amount (21)
amusement (28)
and (131)
angle (133)
angry (133)
animal (125)
any (41)
apparatus (93)
arm (31)
army (31)
art (31)
attack (5)
attention (19)
attraction (7)
authority (149)
automatic (149)
awake (106)

-B-
bag (136)
balance (42)
ball (136)
band (86)
be (35)
because (35, 124)
before (9)
belief (71)
bell (136)
bent (86)
between (42)
birth (66)
bit (38)
bite (38)
bitter (38)
black (64)
blade (64)
blood (64)
blow (64)
blue (64)
board (81)
boat (38)
boiling (59, 136)
brake (118)
bread (59)
breath (<u>47</u>, 59)
brick (118)
broken (118)
building (35)
bulb (136)
burn (59)
but (130)
by (116)

-C-
canvas (80)
carriage (18)
cart (18)
cause (124)
certain (14, 128)
chance (73)
chief (2)
circle (14, 150)
clean (60)
clear (60)
cloth (82)
colo(u)r (54)
come (100)

comfort (103)
committee (108)
company (57)
comparison (93)
competition (148)
complete (30)
complex (113)
condition (46)
connection (96)
conscious (144)
control (95)
copy (70)
cord (14)
country (95)
cover (53)
credit (128)
crime (128)
current (17)
curtain (114)
curve (14, 150)

-D-
day (147)
decision (141)
dependent (120)
design (39)
desire (63)
destruction (98)
development (69)
different (66)
digestion (139)
direction (32)
discovery (53)

distance (62)
distribution (43)
division (132)
do (27)
door (10)
doubt (42)
drain (7)
drawer (7)
drink (7)
driving (7)
dry (7)

-E-
earth (31)
edge (101)
effect (27)
engine (49)
equal (56)
event (100)
existence (62)
expansion (99)
experience (33)
expert (33)

-F-
face (27)
fact (27)
fall (72)
false (72)
farm (117)
father (57)
fear (33)
feather (148)

feeling (29)
fertile (66)
fiction (46)
field (29)
finger (46)
fire (64)
first (9)
flame (64)
flat (29)
flight (145)
floor (29)
flower (64)
fly (145)
food (57)
foot (26)
for (9, 10)
force (103)
forward (9, 44)
fowl (145)
front (9)
full (30)

-G-
garden (114)
general (49)
get (22)
give (22)
glass (60)
go (127)
gold (60)
grain (13)
grass (65)
great (13)

green (65)
grip (146)
growth (65)
guide (67)

-H-
hand (22)
happy (2)
harmony (31)
hate (143)
have (2)
healthy (129)
heart (14)
history (67)
hole (54)
hollow (54)
horse (17)
hospital (122)
house (54, 115)
how (56)
humo(u)r (85)

-I-
idea (67)
important (66)
impulse (8)
in (131)
increase (14)
industry (98, 131)
insect (92)
instrument (98)
interest (36)
invention (100)

-J-
jelly (60)
jewel (60)
judge (46)

-K-
keep (2)
kind (49)
knee (75)
knot (75)
knowledge (68)

-L-
language (3)
last (137)
late (137)
law (87)
let (137)
level (71)
lift (71)
light (83)
line (3)
linen (3)
living (104)
long (3)
loose (84)
loss (84)
love (71)
low (87)

-M-
machine (110)
make (111)

man (24)
manager (24)
mark (76)
market (142)
mass (111)
material (58)
may (might) (110)
meal (28)
measure (28)
medical (28)
memory (28)
middle (28)
mind (28)
minute (94)
mixed (140)
month (28)
moon (28)
morning (147)
mother (58)
motion (109)
mountain (21)
mouth (21)
move (109)
music (28)

-N-
name (49)
nation (49)
natural (49)
near (96)
necessary (107)
night (147)
normal (68)

nose (47)
note (68)

-O-
offer (66)
office (27, 70)
only (41)
operation (70)
opinion (70)
opposite (91)
order (31)
out (130)

-P-
page (117)
pain (55)
paper (117)
parallel (93)
parcel (93)
part (93)
past (99)
paste (57)
payment (117)
peace (117)
pen (55)
pencil (55)
person (33)
pin (55)
place (29)
plane (29)
plant (29)
plate (29)
please (29)
pleasure (29)
pocket (136)
point (55)
porter (66)
position (91)
possible (102)
power (102)
present (36)
price (22)
prison (22)
process (107)
produce (9)
profit (9, 27)
protest (9, 43)
pull (7)
punishment (55)
purpose (9)
push (8)
put (8)

-Q-
quality (56)
question (56)
quick (105)
quiet (134)
quite (134)

-R-
rail (32)
range (150)
rat (135)
rate (138)
ray (51)
reaction (119)
reading (138)
ready (16)
reason (138)
receipt (2)
record (14)
regular (32)
religion (3)
representative (36)
request (56)
respect (112)
rest (62)
reward (44)
rhythm (25)
right (32)
ring (150)
river (25)
road (16)
root (51)
rub (135)
rule (32)
run (25)

-S-
salt (78)
same (50)
say (40)
scale (88)
science (144)
scissors (6,141)
screw (6)
seat (63)
second (39)

secret (14, 128)
secretary (128)
see (39)
seed (48)
seem (50)
selection (87)
self (141)
send (61)
sense (61)
separate (93)
servant (94)
sex (92)
sharp (6)
ship (6)
shirt (6)
shoe (52)
short (6)
side (63)
sign (39)
simple (50, 113)
skin (52)
skirt (6)
sky (52)
sleep (77)
slip (77)
slope (77)
sneeze (47)
society (39)
solid (41)
some (50)
song (126)
sound (126)
soup (37)

special (112)
stage (62)
stamp (23)
star (62)
statement (62)
station (62)
stem (62)
step (23)
stick (5)
sticky (5)
still (62)
stitch (5)
stocking (5)
stomach (21)
stop (23)
store (62)
story (67)
straight (4, 97)
street (97)
stretch (4, 97)
strong (4)
structure (98)
substance (62)
suggestion (139)
support (66)
surprise (22)
sweet (38)
system (50, 62)

-T-
take (11)
taste (11)
tax (11)

teaching (46)
tendency (19)
thick (20)
thin (19)
thing (19)
thread (45)
throat (20)
through (7)
thumb (20)
thunder (19)
ticket (5)
toe (46)
tomorrow (147)
tongue (3)
tooth (123)
touch (11)
trade (7, 89)
train (7)
transport (66)
tray (34)
tree (34)
trouble (45)
true (34)
turn (45)
twist (42)

-U-
unit (41)
use (121)

-V-
value (90)
verse (44)

very (27)
view (67)
voice (126)

-W-

waiting (106)
walk (69)
wall (69)
war (44)
wash (1)
waste (79)
watch (106)
water (1)
wave (15)
way (15)
weather (12)
weight (15)
wet (1)
wheel (69)
when (56)
where (56)
while (134)
who (what, which, etc.) (56)
why (56)
wide (132)
wind (12)
window (12)
wing (12)
winter (1)
wire (44)
wise (67)
word (44)
work (44)
worm (44)
writing (44)
wrong (44)

-Y-

yellow (60)
yes (36)

② プラス α Basic 語の例 (括弧内は例番号、下線付きは解説参照)

<国際的語彙>

(国際語彙)

autobus (149)
automobile (109, 149)
bar (81)
chorus (114)
circus (14, 150)
encyclopedia (150)
engineer (49)
hotel (122)
influenza (145)
passport (99)
patent (99)
piano (29, 103)
police (58)
post (91)
program (9)
radio (51)
radium (51)
restaurant (98)
salad (78)
sport (33, 66)
taxi (11)
university (41)
vodka (1)
whisk(e)y (1)

(国際科学名称語)

arithmetic (31)
biology (105)
geometry (28)
mathematics (28)

(国際名称語)

empire (33, 93)　　*king (49)*　　*queen (94)*

imperial (33, 93)　　*museum (28)*　　*royal (32)*

＜科学等用語＞

absorption (37)

accessory (107)

accident (73)

active (72, 119)

address (32)

adsorption (37)

agency (119)

arrangement (150)

assistant (62)

break (118)

broker (118)

bubble (136)

capacity (2)

case (73)

cattle (2)

cave (115)

cavity (115)

cell (54)

certificate (14, 27)

charge (18)

circuit (14, 150)

circulation (14, 150)

circumference (14, 150)

clay (60)

combination (42, 86)

combine (42, 86)

component (91)

constant (62)

continuous (19)

contour (45)

cost (62)

court (114)

customs (92)

decrease (14)

defect (27)

deficiency (27)

degenerate (49)

delivery (71)

demand (24)

deposit (91)

difference (66)

difficulty (27)

divisor (132)

drift (7)

efficiency (27)

effort (103)

equation (56)

erosion (135)

exact (119)

experiment (33)

explanation (29)

export (66)

factor (27)

fan (12)

fault (72)

ferment (59)

flood (145)

*flow (145)

foliation (64)

fraction (118)

fracture (118)

*generation (49)

germination (49)

glacier (60)

host (122)

import (66)

index (46)

inheritance (127)

layer (87)

lever (71)

magnitude (110)

margin (76)

mean (28)

medium (28)

mixture (140)

momentum (109)

multiple (113)

multiplication (113)

origin (49)

packing (117)

pair (93)

parent (93)

particle (93)

partner (93)
path (26)
pendulum (120)
petal (99)
plain (29)
plan (29)
product (9)
purchase (2)
quantity (56)
quotient (56)
radiation (51)
ratio (138)
reference (66)
reflux (145)
resistance (62)
resolution (84)
reversible (44)
rigidity (32)

scale (6)
scarp (6)
section (92)
sedimentary (63)
sepal (99)
share (6)
shear (6)
shore (6)
sight (39)
similarity (50)
slide (77)
solution (84)
solvent (84)
specimen (112)
speculation (112)
stable (62)
stamen (62)
statistics (62)

strain (4)
*strength (4)
stress (4)
substitution (62)
subtraction (7)
successive (107)
sucker (37)
supply (30)
surface (27)
texture (11, <u>113</u>)
thickness (20)
tissue (11, <u>113</u>)
trap (89)
twin (42)
valency (90)
*valley (69)
velocity (106)
volume (69)

(＊韻文／聖書用語とも重複)

<韻文／聖書用語>

blessing (<u>47</u>, 64)
breast (59)
bride (59)
cattle (2)
circumcision (141)
dawn (147)
envy (67)
evening (<u>129</u>)
*flow (145)
*generation (49)
gentle (49)
glad (60)
glory (60)

grace (74)
hell (54)
heritage (127)
holy (129)
kingdom (49)
life (104)
mercy (142)
neighbo(u)r (35, 96)
noble (68)
perfume (33)
praise (22)
prophet (9)
search (150)

storm (45)
*strength (4)
tent (19)
testament (43)
travel (7)
tribe (43)
*valley (69)
widow (132)
witness (67)
worship (44)

(＊科学等用語とも重複)

著者紹介

後藤 寛（ごとう　ひろし）

英文学者。英語学・アメリカ文学関係、学会員。
元名古屋市立大学教授。
Basic English に関する著書、論文など多数。
名古屋市生まれ。
南山大学外国語学部英米科卒。
米カリフォルニア州立大学大学院言語研究科
修士課程修了、文学修士。

必携 最小限の語彙力で英語を読み、聴く方法
基礎語からの類推

2016年5月20日　初版第1刷発行

著　者　後藤　寛
発行者　森　信久
発行所　株式会社 松柏社
　　　　〒102-0072　東京都千代田区飯田橋 1-6-1
　　　　電話 03-3230-4813　FAX03-3230-4857
　　　　e-mail: info@shohakusha.com

装　幀　常松靖史［TUNE］
組　版　エニカイタスタヂオ［奥秋圭］
印刷・製本　倉敷印刷株式会社

© 2016 by Hiroshi Goto　ISBN978-4-7754-0228-3

◎定価はカバーに表示してあります。
乱丁・落丁本は送料小社負担にてお取り替え致します。

JPCA
日本出版著作権協会
http://www.jpca.jp.net/

本書は日本出版著作権協会（JPCA）が委託管理する著作物です。複写（コピー）・複製、その他著作物の利用については、事前にJPCA（電話 03-3812-9424, e-mail:info@e-jpca.com）の許諾を得て下さい。なお、無断でコピー・スキャン・デジタル化等の複製をすることは著作権法上の例外を除き、著作権法違反となります。